硬い体が驚くほど気持ち良く伸びる

# 自重ストレッチ

誰でも必ず
柔らかくなる!

パーソナルトレーナー／
CALADA LAB.代表
比嘉一雄



日本文芸社

# 筋肉を伸ばすストレッチから〝伸ばされる〟ストレッチへ。

ストレッチといえば、それが筋肉を伸ばす運動であることは今や多くの人が知っています。ラジオ体操なども含めれば、誰もが一度はストレッチを経験したことがあるでしょう。

正しい方法でストレッチを続ければ柔軟性を向上させることができます。しかし、筋肉を伸ばした時の痛みに耐えられず、ストレッチを始めても三日坊主で終わってしまったという人も多いのではないでしょうか。

本書で紹介する「自重ストレッチ」は、筋肉を伸ばす従来のストレッチとは異なり、〝筋肉が伸ばされる〟ストレッチとなります。自重ストレッチを実践して、ストレッチ本来の心地良さをじっくり体感してください。

# 「自重ストレッチ」

## だからこそ体感できる
## ストレッチ本来の心地良さ。

Contents

# 硬い体が驚くほど気持ち良く伸びる 自重ストレッチ

## 第2章 体幹の自重ストレッチ

## 第3章 股関節の自重ストレッチ

# Contents

## 第6章 骨盤&肩甲骨の動的ストレッチ



## 第7章 自重ストレッチプログラムの組み方

## 全身の主な筋肉

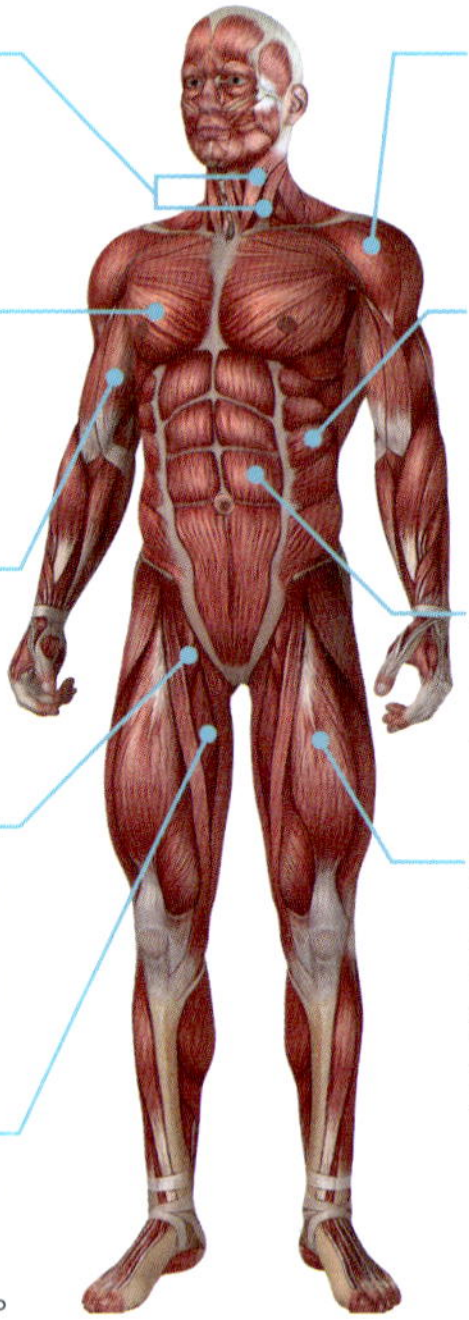

**胸《きょう》鎖《さ》乳突《にゅうとつ》筋《きん》**

首の側面で頭部と鎖骨・胸骨をつないでいる筋肉。主に頭部を前や横に倒す動きや、顔を横に向ける動きに働く。

**大胸《だいきょう》筋《きん》**

肩関節で肩甲骨と腕の上腕骨をつないでいる胸部の筋肉。腕を水平面で前方へ振る動き（肩関節水平内転）に働く。

**上腕《じょうわん》二《に》頭《とう》筋《きん》**

肩関節と肘関節をまたいで、肩甲骨と前腕部の橈骨をつないでいる上腕前面の筋肉。主に肘を曲げる動きに働く。

**腸腰《ちょうよう》筋《きん》**

股関節前面の深部で脊柱および骨盤と太腿の大腿骨をつないでいる筋肉。大腰筋と腸骨筋の総称。主に太腿を前方に振る動き（股関節屈曲）に働く。

**内《ない》転《てん》筋《きん》群**

股関節で骨盤と太腿の大腿骨をつないでいる太腿内側の筋群。主に太腿を内側へ閉じる動き（股関節内転）に働く。

**三《さん》角《かく》筋《きん》**

肩を覆う筋肉で、肩甲骨および鎖骨と腕の上腕骨をつないでいる。腕を前方・側方・後方へ振る動きに働く。

**腹《ふく》斜《しゃ》筋《きん》群**

脇腹で肋骨と骨盤をつないでいる外腹斜筋とその深部にある内腹斜筋の総称。主に脊柱（背骨）を左右に曲げる動きや、脊柱を左右にひねる動きに働く。

**腹《ふく》直《ちょく》筋《きん》**

腹部前面で肋骨と骨盤をつないでいる筋肉。腹部を縮めて脊柱を丸める動きに働く。「腹筋」はこの筋肉を指す。

**大《だい》腿《たい》四《し》頭《とう》筋《きん》**

膝関節で太腿の大腿骨と下腿部の脛骨をつないでいる太腿前面の筋肉の総称。膝を伸ばす動きに働く。中央の大腿直筋のみ股関節もまたぎ、太腿を前方へ振る動き（股関節屈曲）にも働く。

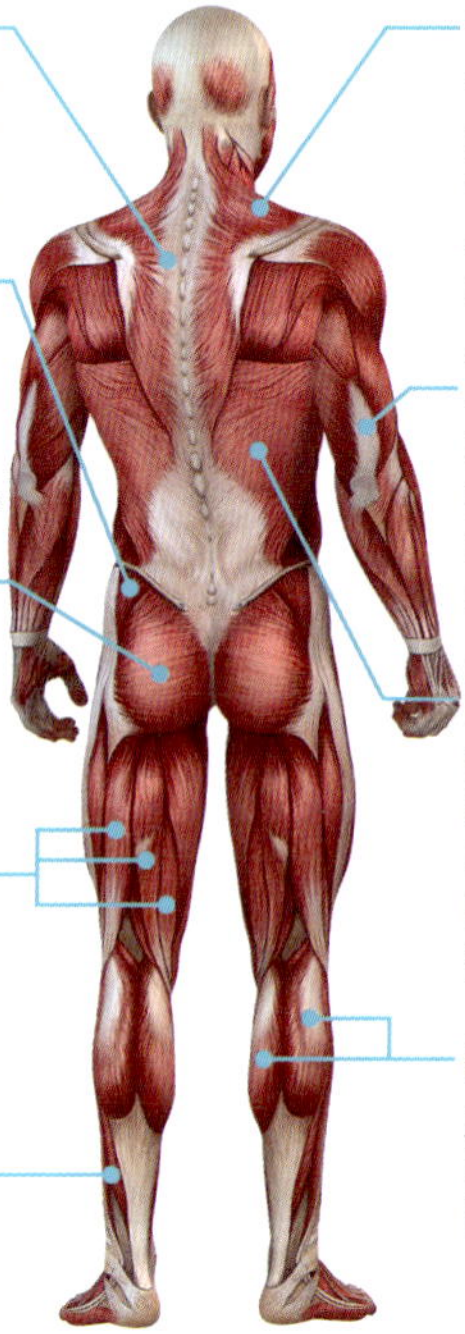

**脊《せき》柱《ちゅう》起《き》立《りつ》筋《きん》**

頸部から骨盤まで背中側で脊柱に付着して縦に伸びている筋群の総称。脊柱を反らせて上体を伸ばす動きに働く。

**中《ちゅう》殿《でん》筋《きん》**

股関節で骨盤と太腿の大腿骨をつないでいるお尻側部の筋肉。太腿を外側へ開く動き（股関節外転）や、太腿を内方向にひねる動き（股関節内旋）に働く。

**大《だい》殿《でん》筋《きん》**

股関節で骨盤と太腿の大腿骨をつないでいるお尻の筋肉。太腿を後方へ振る動き（股関節伸展）や、太腿を外方向にひねる動き（股関節外旋）に働く。

**ハムストリング**

股関節と膝関節をまたぎ、骨盤と下腿部の脛骨・腓骨をつないでいる太腿裏の筋群。膝を曲げる動きと、太腿を後方へ振る動き（股関節伸展）に働く。

**ヒラメ筋**

腓腹筋の深部にある筋肉。足関節（足首）で下腿部の腓骨・脛骨とカカトの踵骨をつないでいる。足首を伸ばす動きに働く。

**僧《そう》帽《ぼう》筋《きん》**

背中の中央から上背部に広がる筋肉。頭部と鎖骨をつないでいる上部は、肩甲骨から腕を高く上げる動きに働く。脊柱と肩甲骨をつないでいる中部〜下部は、主に左右の肩甲骨を寄せる動きに働く。

**上腕《じょうわん》三《さん》頭《とう》筋《きん》**

肩関節と肘関節をまたいで、肩甲骨および上腕骨と前腕部の尺骨をつないでいる上腕後面の筋肉。主に肘を伸ばす動きに働く。

**広《こう》背《はい》筋《きん》**

背中の下部から脇の下にかけて広がる筋肉。肩関節で脊柱・肋骨・骨盤と上腕骨をつないでいる。主に腕を後方や内側に振る動き、腕を水平面で後方へ振る動き（肩関節水平外転）に働く。

**腓《ひ》腹《ふく》筋《きん》**

膝関節と足関節（足首）をまたぎ、大腿骨とカカトの踵骨をつないでいるふくらはぎの筋肉。足首を伸ばす動きに働く。

# 本書の見方

### 吐く息

ゆっくり息を吐くことを示す吐息マーク。息を吐き出すことによって体の中からしっかり脱力できる。

### 青の波線

「青の波線」が付いている部位は、脱力した状態で筋肉がストレッチされている状態を表わしている。

### 赤の波線

「赤の波線」が付いている部位は、力が入って力んでいる状態を表わしている。

### *NG*

各種目を実践するうえで、起こりやすいフォームや動作の間違いを実例で解説。正しく実践するための「POINT」や、アレンジを加えた「バリエーション」、伸ばす強度を下げた「EASY」などを解説している種目もあり。

### 自重ベクトル

各種目で筋肉を伸ばす負荷となる自重の部位を図示。さらに自重の負荷を掛ける場所や自重の掛け方も解説する。自重を使うことにより脱力したストレッチが可能となる。

### Target

各種目でストレッチの対象となる筋肉を図示。どこの関節をまたいでいる筋肉かも確認することができる。

### LEVEL UP!

多くの種目において、同じ部位や同じ筋肉を伸ばす自重ストレッチを2つ紹介している。後の順番で解説している「LEBEL UP!」および「～自重ストレッチ2」との表記がある種目は、伸ばす強度や、正しいフォームを作るために必要となる柔軟性が、やや高くなっている。柔軟性が向上したら、こちらの種目にレベルアップしよう！

# 著者のことば

近年、自分の体だけで筋肉を鍛える「自重筋トレ」が注目を集めています。お金もかからず自宅で手軽に実践できるため、継続して行なううえで優れたトレーニング法といえるでしょう。本書で紹介する「自重ストレッチ」は、自重筋トレのいわばストレッチ版。ただし、自重筋トレとは自重の使い方が異なります。

自重筋トレは、自分の体の重さ、すなわち体重を負荷にして鍛えるトレーニング。自分の体に掛かる重力に抗いながら関節を動かし、筋肉を収縮させていきます。それに対し、自重ストレッチは、体重を負荷にして伸ばすストレッチとなります。重力に抗うことなく、身をゆだねながら脱力して関節を動かし、筋肉を伸張させていきます。

自重ストレッチの魅力は、どんなに体が硬い人でも楽に実践できること。脱力することで重力が働き、自重が筋肉を伸ばす負荷の役目を果たしてくれるので、誰でも無理なく柔軟性を高めることができます。

〝自重〟は誰もが持っている最高のフィットネスアイテムです。

まだストレッチをやったことがないという人も、従来のストレッチがキツくて続かなかったという人も、自重ストレッチであれば問題ありません。この本が一人でも多くの人たちにとって、柔軟性の向上や健康増進の一助となれば幸いです。

**比嘉一雄**

序 章

# 間違いだらけのストレッチ

従来のストレッチは、体が硬い人には不向きだった!?
柔軟性の向上を阻むストレッチの弱点を解説します。

# ストレッチで“伸びる”しくみ

一般的にストレッチといえば、同じ体勢をキープして筋肉を伸ばしていく「静的ストレッチ」のことを指します。

ストレッチの目的は「筋肉を伸ばす」こと。関節周辺の筋膜《きんまく》や関節包《ほう》といった組織も筋肉と一緒に伸ばされます。継続して行なうことにより関節可動域が拡大し、最終目標である柔軟性の向上へとつながります。

ストレッチで筋肉が伸びるしくみは極めて単純なもの。**関節をまたいで別々の骨に付着している筋肉の両端を、関節を動かして遠ざける**ことにより、筋肉が両端から引っ張られて伸びるというしくみです。

股《こ》関節と膝《ひざ》関節をまたぐハムストリングのような二関節筋の場合は、二つの関節を連動させて筋肉の両端を遠ざけます。

また、同じ関節でも「曲げる」「伸ばす」「ひねる」など、動きが変われば、ストレッチされる筋肉も変わっていきます。

## ストレッチにおいて最も重要となる「脱力」

ストレッチを行なうにあたっては、まずそのストレッチ種目がどの筋肉を伸ばす種目なのか、さらに、その筋肉がどこの関節をまたぎ、両端がそれぞれどの骨に付着しているのかを把握したうえで行なうことが大切。ストレッチする筋肉の位置を意識することで、伸ばすイメージがつかみやすくなります。

そして、ストレッチ（静的ス

# ストレッチのポイントは「脱力」にあり!

トレッチ）で柔軟性を高めるために、最も重要となるのが「脱力」です。ターゲットとなる**筋肉の力を抜き、弛緩《しかん》した状態にしなければ、しっかり伸ばすことはできません。**

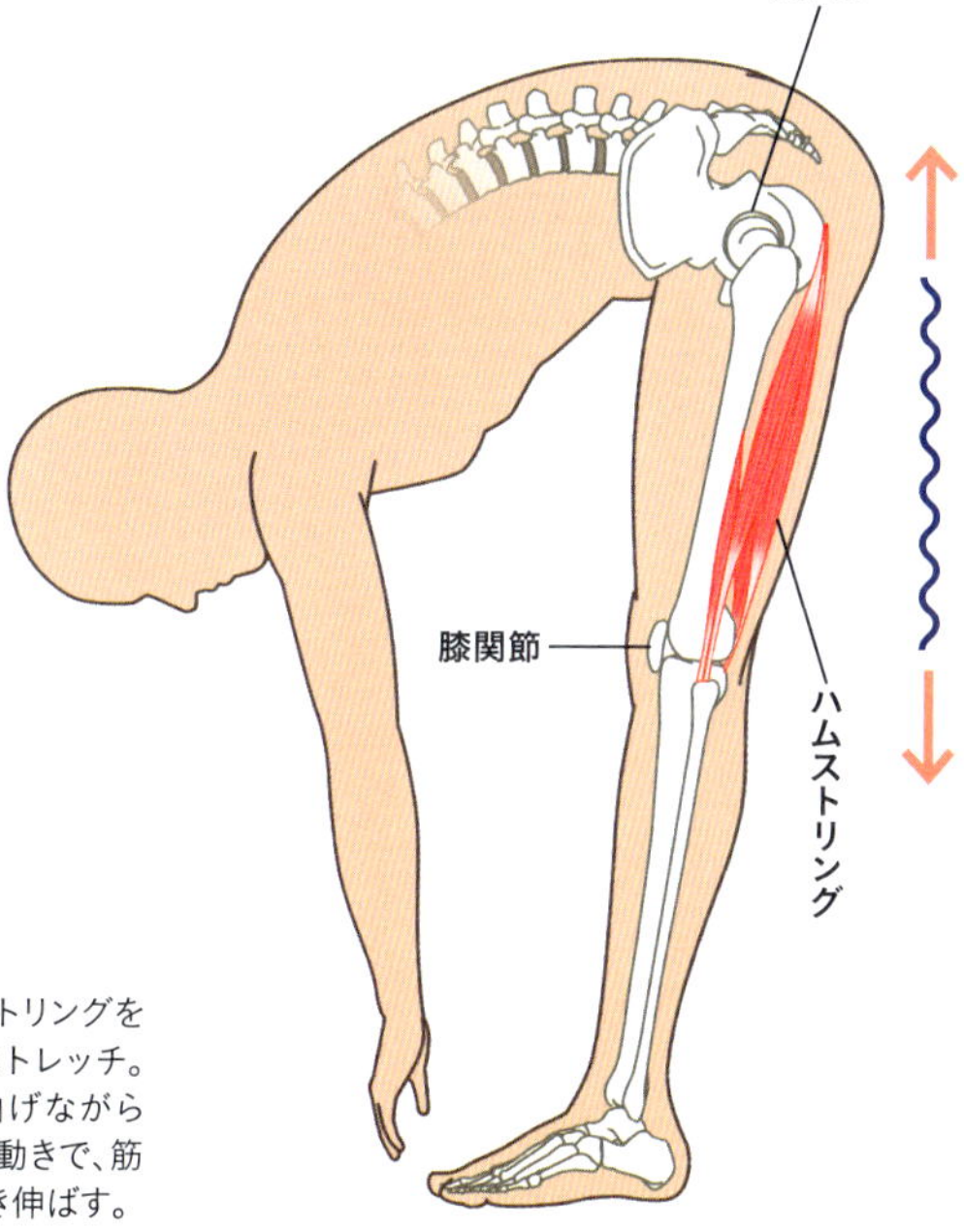


太腿裏のハムストリングを伸ばす前屈のストレッチ。股関節を折り曲げながら膝関節を伸ばす動きで、筋肉を両端から引き伸ばす。

# カラダはなぜ硬くなるのか？

ストレッチの目的は、前述したように柔軟性の向上（または維持）となります。正しい方法で継続的にストレッチを行なっていれば、年齢や性別に関係なく誰でも柔軟性を向上させることが可能です。

では、柔軟性が向上する過程において、体にはどのような変化が起きているのでしょうか？　それを理解するためには、まず体が硬くなるメカニズムを知っておく必要があります。

## 運動不足によって体は硬くなっていく

**体が硬くなるということは、「関節可動域が狭くなる」ということ。**関節可動域を制限するのは、主に硬くなった筋肉と関節周辺の組織です。**関節を動かそうとしても、伸びにくくなった筋肉や周辺組織が動きを制限してしまうのです。**

筋肉や周辺組織（筋膜、関節包など）が硬くなる原因には、「運動不足」「加齢」「骨格のゆがみ」の3つが挙げられます。

「運動不足」で関節を大きく動かす機会が減ると、筋肉は次第に伸びにくい状態となります。

「加齢」も同様です。加齢によって劣化した関節周辺組織の材質が硬くなる部分もありますが、やはり体力の衰えで運動不足になることが、体が硬くなる主要因といっていいでしょう。

「骨格のゆがみ」も筋肉のコリや周辺組織の緊張を招くため、関節可動域が制限されてしまいます。特に脊柱《せきちゅう》（背骨）のゆがみが体幹部の動きを制限しているケースが多く見られます。

さらに、股関節や脊柱の土台となる骨盤や、肩《かた》関節の土台となる肩甲骨《けんこうこつ》は、意識して動かすことが難しい部分であるため、日頃から動かしていないと動かす感覚を忘れてしまい、より可動域が狭くなる傾向にあります。

体が硬くなる主な原因

- **運動不足**
- **加齢**
- **骨格のゆがみ**

# 硬いカラダと柔らかいカラダ

運動不足などで硬くなってしまった筋肉や周辺組織は、ストレッチをしても「伸びにくい状態」となっています。

しかし、継続的にストレッチを行ない何度も繰り返し伸ばされると、筋肉や筋肉を覆《おお》っている筋膜の材質自体が柔軟性をもち、伸びやすい状態となります。

靭帯《じんたい》や関節包といった関節周辺の結合組織も、ストレッチを継続して行なうことによって、組織内の癒《ゆ》着《ちゃく》していたコラーゲン繊《せん》維《い》同士が引きはがされ、ほぐれた状態となります。

筋肉や筋膜には、もともと組織にバネのような弾性があり、伸ばされると縮もうとする性質があります。ところが、**何度も繰り返し伸ばされると、次第に弾性が弱くなり、結果的に伸びやすくなるのです。**

筋肉、筋膜などの周辺組織が伸びやすい状態。それが〝柔らかい体〟の構造となります。

## 柔軟性低下の硬くなった筋肉が招く悪循環

ストレッチを行なって筋肉が軟らかくなると、筋肉のコリや緊張がほぐれて血行が良くなるという研究結果も出ています。

逆に硬い筋肉は血行が悪くなり、コリや緊張でより硬くこわばった状態となる悪循環に陥《おちい》ってしまいます。

「硬い体」と「柔らかい体」では、筋肉を伸ばさない通常時の状態でも、コンディションに大きな差が出てしまうのです。

## 硬い筋肉と柔らかい筋肉の構造

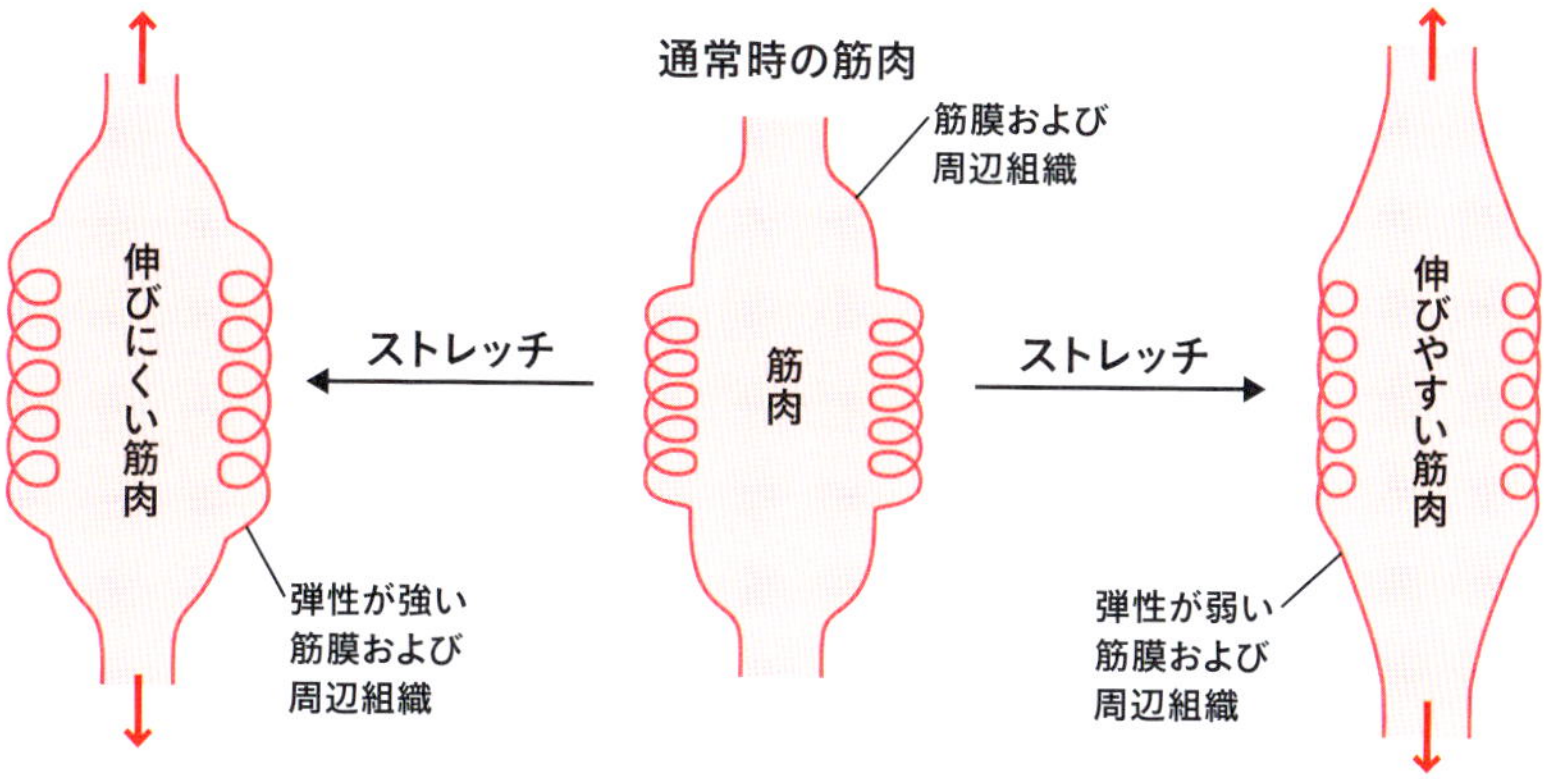


**[硬い筋肉]**

筋肉が硬く、筋膜など周辺組織の弾性も強いと、伸びにくい状態となる。

「硬い筋肉」と「柔らかい筋肉」では、伸びる長さに大きな差がある。

**[柔らかい筋肉]**

筋肉が柔軟で、筋膜など周辺組織の弾性も弱いと、伸びやすい状態に。

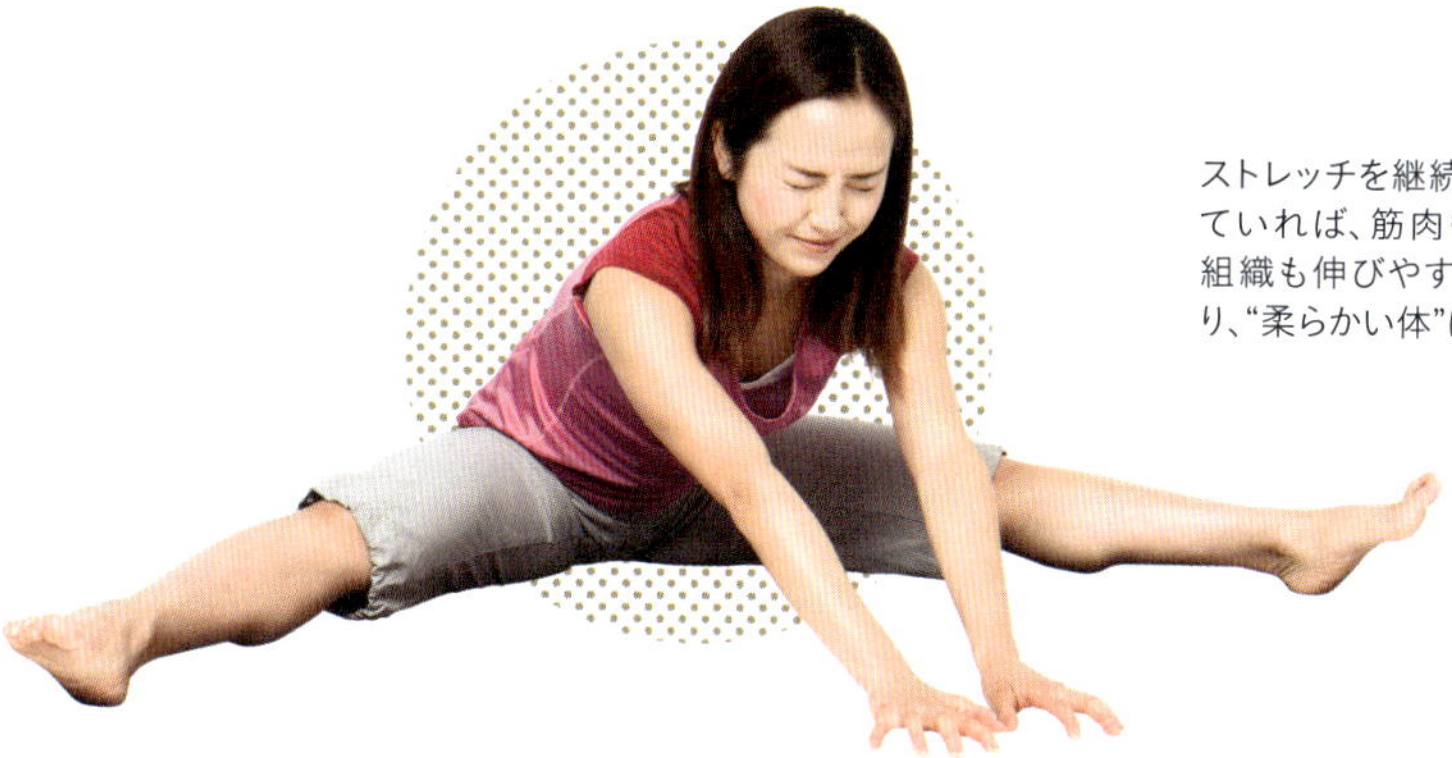

ストレッチを継続的に行なっていれば、筋肉も関節周辺組織も伸びやすい状態となり、“柔らかい体”になる

# ストレッチを妨げる「伸張反射」

ストレッチで柔軟性を向上させるには、継続して行なう必要があります。しかし、ストレッチを始めても、なかなか続かないという人も多いのではないでしょうか？

激しく動かないストレッチには、楽なイメージがありますが、実際に行なってみると、筋肉を伸ばした時にピリピリとした〝痛みに近い刺激〟を感じます。この刺激がストレッチを継続するうえで大きな障害となります。

この痛みに近い刺激は、体が硬い人ほど感じやすくなるため、ストレッチは柔軟性の向上に最も効果的な方法でありながら、〝体が硬い人ほど継続することが難しい〟という真逆の側面ももち合わせているのです。

## 筋肉を伸ばした時に感じる〝痛みに近い刺激〟の正体

この**〝痛みに近い刺激〟の正体は、「伸張《しんちょう》反射」という生理的な反射作用です。**

筋肉には、筋線維《きんせんい》の間に筋肉の長さを感知する「筋紡錘《きんぼうすい》」というセンサーのような器官が存在します。筋肉が急激に伸ばされると、それを感知した筋紡錘が脊髄《せきずい》に信号を発信し、運動神経（運動ニューロン）を通じて筋肉を短く収縮させる反射作用が起こります。この時の筋収縮作用が伸張反射です。

ストレッチで伸張反射が起こるとピリピリとした刺激を感じます。本来、伸張反射は、筋肉が伸ばされすぎないように保護するための作用ですが、ストレッチを行なう時に限っては、筋肉を伸びにくくする抵抗作用であり、ストレッチを継続することの障害となっています。

ストレッチは伸張反射が起こる寸前の強度で伸ばすのが正しい方法。しかし、**体が硬い人ほどすぐに伸張反射を起こしてしまう**ため、強度の調節が難しく、筋肉をしっかり伸ばすことが困難となっているのです。

## 伸張反射のしくみ

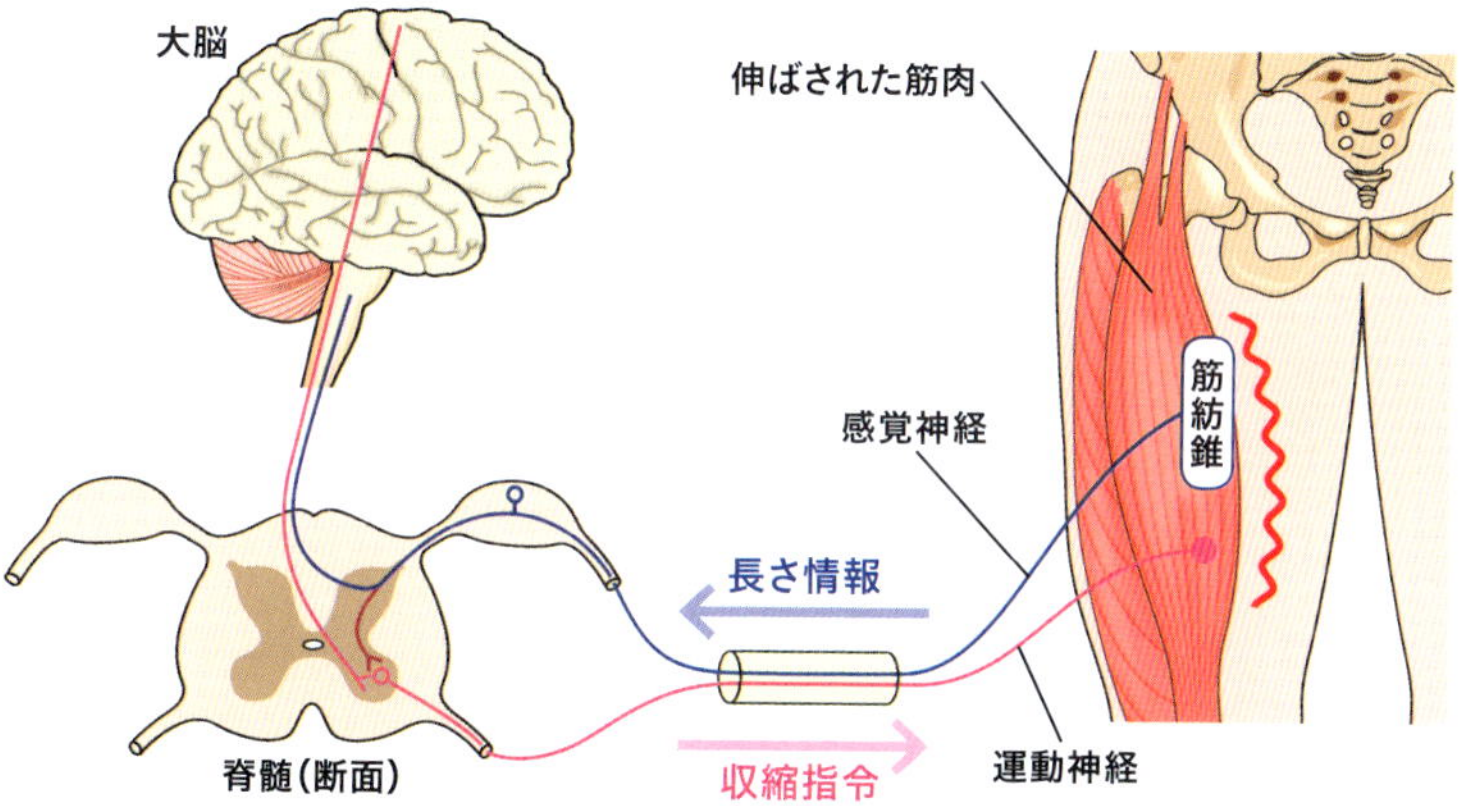


ストレッチで伸ばされた筋肉は、筋肉の長さを感知する筋紡錘から脊髄に信号が発信され、運動神経を通して筋肉が伸ばされないように収縮させる伸張反射が起こる。

# 間違いだらけのストレッチ

本来、ストレッチには伸張反射を起こりにくくする効果があり、筋肉を伸びやすい状態にすることができます。**筋肉を適度に伸ばした状態でキープすると、筋肉の長さを感知する筋紡錘の感度が低下し、伸張反射が起こりにくい状態となるのです。**ストレッチを開始してだいたい20秒程度で伸張反射の感度は弱まります。その結果、伸張反射を起こさずにより強く筋肉を伸ばせる状態に。

さらに、強く伸ばしても伸張反射が起こらなければ痛み近い刺激ではなく、心地良い刺激が続きます。運動前にストレッチを行なうのも、ただ筋肉をほぐすだけではなく、伸張反射を抑えて筋肉を伸びやすい状態にする狙いがあるのです。

## 一般的なストレッチは筋肉を伸ばせない!?

書店に並んでいる大半のストレッチ解説本は、ひとつのストレッチ種目の実施時間をだいたい10～20秒に設定しています。

伸張反射の感度が弱くなるまでの間は、強く伸ばそうとしても筋肉に収縮作用が働いてしまうため逆効果。ストレッチを開始してから20秒以降の局面が、本当に筋肉を脱力してしっかり伸ばせる局面なのです。

**伸ばす時間の理想は30～40秒。**しかし、一般的なストレッチ種目の多くは、脱力したまま伸ばし続けることが難しいという欠点を含んでいるのです。

## ストレッチと伸張反射の関係

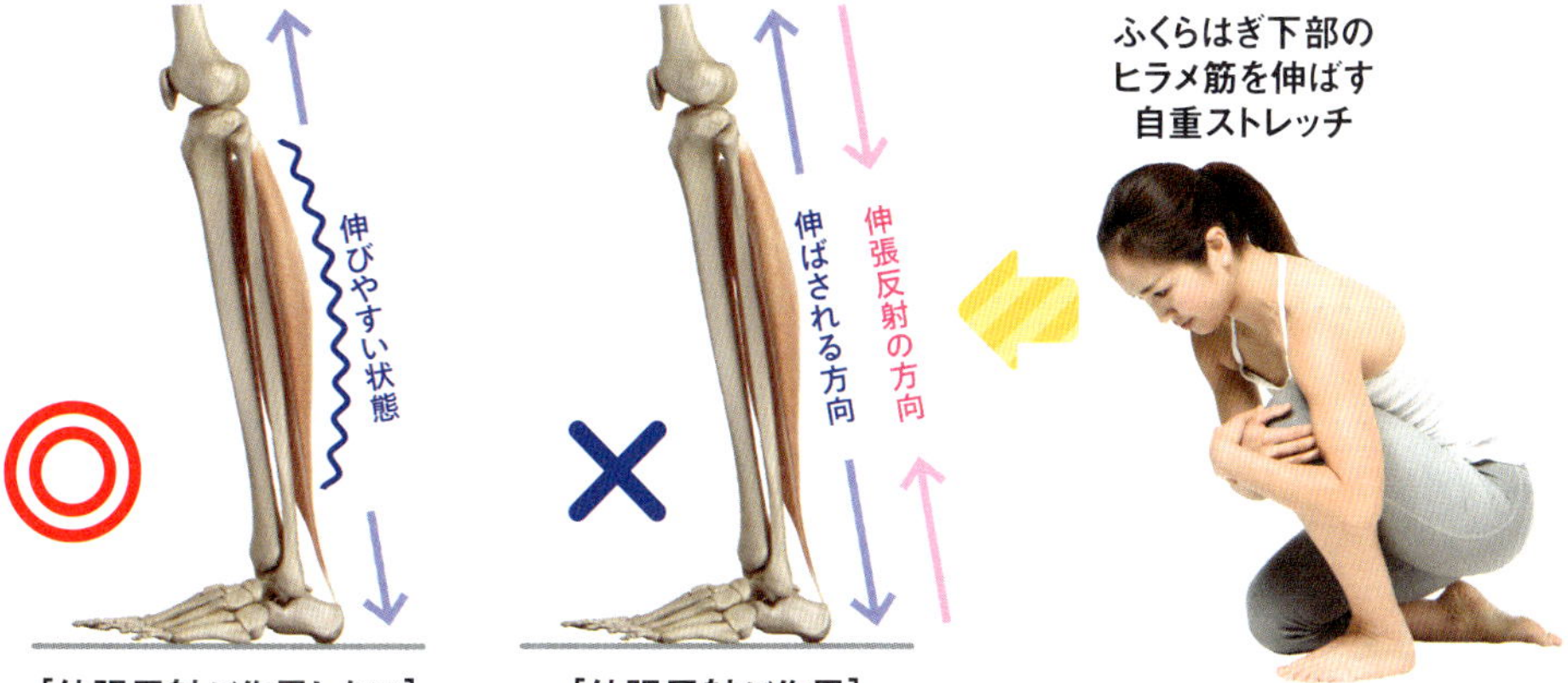
伸びやすい状態
伸ばされる方向
伸張反射の方向
ふくらはぎ下部の
ヒラメ筋を伸ばす
自重ストレッチ

**［伸張反射が作用しない］**
伸張反射が起こらなければ筋収縮しないため、筋肉は伸びやすい状態となる。

**［伸張反射が作用］**
急激に伸ばされた筋肉に対して伸張反射が起こり、筋肉は収縮作用で伸びにくい状態に。

## 一般的なストレッチの欠点

脱力なんて
できない…

一般的なお尻のストレッチ。体積の大きなお尻の筋肉を伸ばすには、組んだ脚を強い力で引き寄せる必要があるため、力んでしまって脱力できない。

この体勢で
30秒はキツイ…

一般的な体側のストレッチ。バランスをキープする動きで全身に力みが生じるため、脱力した状態で筋肉を伸ばせない。筋肉には力が入ると硬く収縮する性質がある。

一般的なストレッチ種目の欠点

- **伸ばそうとする動きで力んでしまう**
- **同じ体勢を30秒間維持することが難しい**
- **体が硬くて正しいフォームが作れない**
- **筋肉を脱力したまま強く伸ばせない**
- **伸ばす刺激が痛くてすぐやめてしまう**

上体を前方に倒して太腿裏を伸ばす一般的な前屈のストレッチ。体の硬い人が上体を倒そうとすると無意識に力んでしまって脱力できない。さらに、伸張反射による筋収縮も起こるため、筋肉はより強く収縮して伸びにくい状態へと陥る。

## 体が硬い人に最適な「自重ストレッチ」

体が硬い人は特に、筋肉を強く伸ばすより、脱力して長い時間伸ばすことが重要。しかし、一般的なストレッチ種目の多くは、P21で解説したように脱力に不向きな要素を含んでいます。さらに、体の硬い人が実施するうえで、ストレッチ効果を得ることが妨げられる上記のような欠点があるのです。

　それらの欠点をすべて解消し、**どんなに体が硬い人でも柔軟性の向上を実現できるのが、本書で紹介する「自重ストレッチ」です。**自重ストレッチの方法や効果については、第1章で詳しく解説していきます。

第1章

# 自重ストレッチが効果的な理由

本書が提案する「自重ストレッチ」は、どんなに体が硬い人でも
無理なく柔軟性を向上させることができるメソッドです。

# 自重ストレッチって何？

自重ストレッチとは、その名の通り、力を使わず、「自重」を使って筋肉を伸ばしていくストレッチです。従来のストレッチより動きとしては簡単であり、つらくもなければ、難しいものでもありません。

**自重とは、自分自身の体の重さであり、上半身や下半身、頭部、腕、脚といった部分を〝重り〟にして筋肉を伸ばします。**

## 自重ストレッチで使うのは筋力ではなく重力

ストレッチで筋肉を伸ばす時、上体を倒したり、腕で押したり引いたり、自分の力を使って10kgや20kgに相当するトルクを発揮しようとすると、かなり大きな力を加える必要があります。体が硬い人の場合は、より大きな力を加えないと硬くなった筋肉を伸ばすことはできないので、脱力することができません。

しかし、**自重ストレッチは自分の体の重さを負荷にするため、使うのは筋力ではなく重力**。筋力を使わないからこそ脱力したストレッチが可能となるのです。

自重ストレッチの最大の魅力は、見本フォームを真似して脱力するだけで、自動的に自分の体重が負荷となって筋肉が伸ばされること。どんなに体が硬くても問題なし。それだけでなく、誰でも確実に柔軟性を向上させることができます。

実のところ、自重ストレッチ自体は決して新しいメソッドではありません。従来のストレッチ種目の中にも自重を負荷にしている種目がいくつもあります。

本書で紹介する自重ストレッチの種目は、従来のストレッチから抜粋した種目、自重ストレッチにアレンジした種目、本書が提案する新しい種目を織りまぜてラインナップしています。

## 自重ストレッチで「重り」となる部位

## 自重ストレッチと一般的ストレッチの違い

### 太もも裏の自重ストレッチ

立ったまま股関節から上体を前方に倒して脱力することにより、「上体の重み」がそのまま太腿裏の筋肉（ハムストリング）を伸ばす負荷となる。

### 一般的な太もも裏のストレッチ

上体を前方に倒して太腿裏を伸ばすストレッチ。自分の力で上体を倒す必要があるため、脱力が難しい。さらに、体が硬い人は上体を深く倒せない。

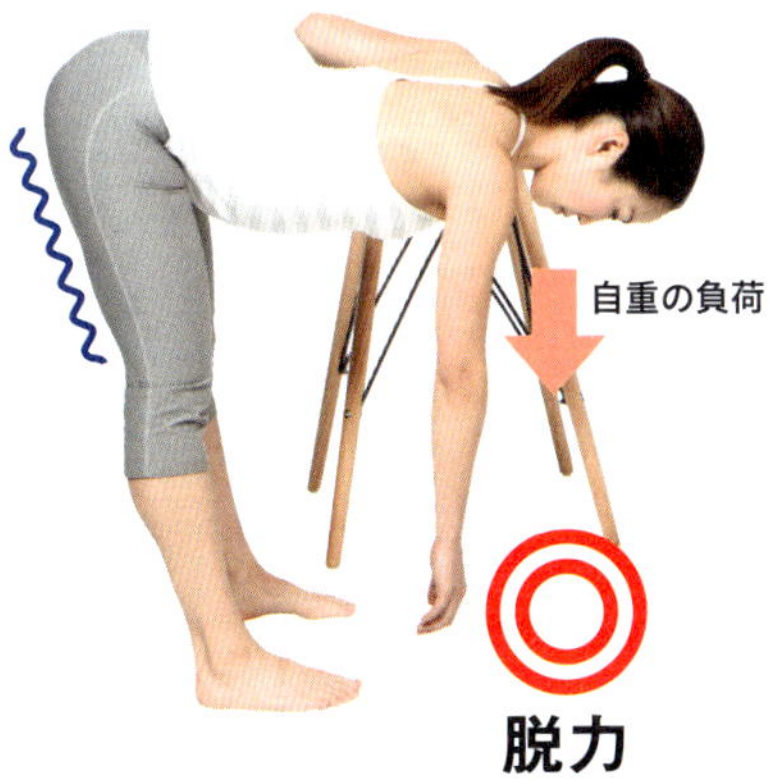


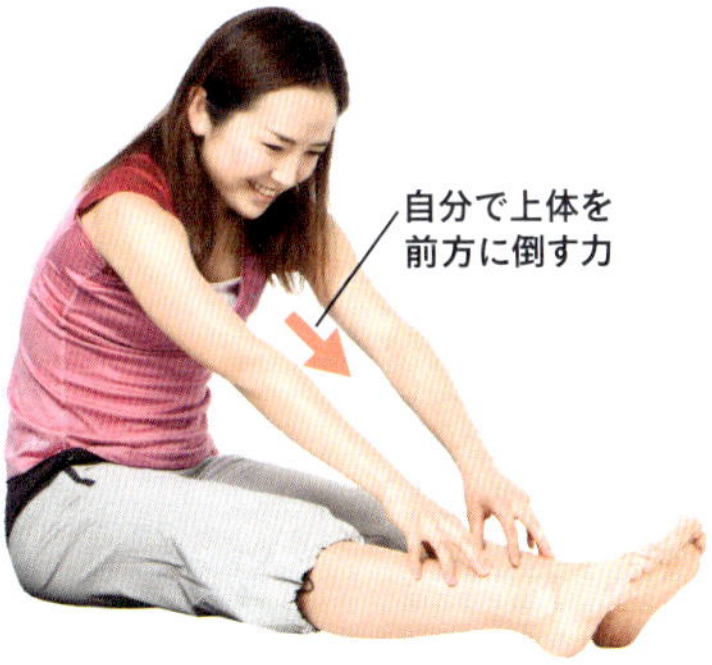

自重ストレッチが効果的な理由❶

# 自重を使うことで しっかり筋肉を伸ばせる

ここからは「自重ストレッチ」がなぜ効果的なのか、なぜ体が硬い人に最適なのか、従来のストレッチと比較しながら解説していきます。

前述したように自重ストレッチは、重力に身をまかせ、自分の体重を「重り」にして筋肉を伸ばすのが特長です。自重を負荷として使うメリットは、脱力できることだけではありません。

自重を負荷にすることによって、自分の力を使うよりも、強い力でしっかり筋肉を伸ばすことができるのです。

## 自重は誰もがもっている ストレッチに最適な〝重り〟

体重には個人差がありますが、成人男性の平均体重はだいたい65kg前後、女性でも50kg前後あります。筋力や柔軟性に自信がないという人でも、体重であれば一定以上の重さがあります。

体重が50kgの人でも、上半身は20kg以上、脚1本で10kg前後、腕1本でも肩を含めれば5kg近くある計算になります。これだけの負荷を自分の力で加えようとすれば、必ず力みが生じてしまいますが、自重ストレッチであれば力む必要は一切なし。

〝筋力を使わず、重力を使う〟ことが自重ストレッチの基本。**重力に身をまかせることで、伸張反射が起こらない適度な強度で筋肉が伸ばされます。**さらに、20秒経過して筋肉が伸びやすい状態になれば、それに合わせて伸ばされる距離も長くなります。

## 腕の力で伸ばすお尻下部のストレッチ

片脚を曲げて腕の力で手前に引き寄せ、お尻の大殿筋（下部）を伸ばすベーシックなストレッチ。体積が大きい大殿筋を腕の力でしっかり伸ばすのは難しい。

**伸ばす強度**

**弱**

## 自重で伸ばすお尻下部のストレッチ

**伸ばす強度**

**強**

前後に脚を開き、股関節に体重を掛けることでお尻下部を伸ばす自重ストレッチ。重力に身をまかせて重心を下げることで前脚が持ち上げられ、腕の力を使うより強い負荷でお尻の大殿筋をしっかり伸ばすことができる。

自重ストレッチが効果的な理由❷

# 自重を使うことで脱力して伸ばせる

この章のP24－25でも解説した通り、自重ストレッチの最大の長所は、脱力したまま筋肉を伸ばせること。従来のストレッチではなかなか難しかった「脱力」が、自重ストレッチでは無理なく実践できます。

筋肉は、力んで刺激が入ると短く収縮する性質をもっているため、脱力しなければ伸びやすい状態にはなりません。

さらに、強く伸ばそうとすると伸張反射による筋収縮に抗《あらが》って筋肉を伸ばす状態になるため、刺激を感じて無意識のうちに体に力が入ってしまいます。

筋肉を少しでも脱力した伸びやすい状態に近づけるためには、力を使わず、自重で負荷を掛けることがベストな方法なのです。

## 自重を使えば脱力したまま強い負荷で筋肉を伸ばせる

ストレッチの際は、ターゲットとなる筋肉が脱力した状態であれば、ほかの筋肉は脱力していなくても問題ありません。

しかし、股関節の力で上体を倒したり、腕の力で押したり引いたりして筋肉を伸ばす従来のストレッチを行なう場合、力を入れるのは体の一部でも、気がつかないうちに全身が力んでしまっています。だからこそ自重ストレッチで力を使わずに筋肉を伸ばすことが、脱力したストレッチの近道となるのです。

脱力すればするほど、自重の重さ（重力）がダイレクトに筋肉を伸ばす負荷として働きます。

## 腕の力で伸ばす太もも前面のストレッチ

折り曲げた脚を腕の力で引き寄せ、太腿前面の大腿四頭筋を伸ばす一般的なストレッチ。体が硬い人は強い力で引かないと伸ばせないので、脱力することが難しくなる。

## 自重で伸ばす太もも前面のストレッチ

折り曲げた脚にお尻を乗せ、上体の重みを掛けて太腿前面を伸ばす自重ストレッチ。力を使わずに自重の負荷でしっかり伸ばせるため、脱力したストレッチが可能。

自重ストレッチが効果的な理由❸

# 体勢を力まずにキープできる

## 安定感が増す脇腹の自重ストレッチ

**自重ストレッチ**

安定

イスに座り、背もたれにもたれた状態で上体を傾けていくため、力むことなく安定した体勢で体の側面を伸ばすストレッチが続けられる。

**一般的なストレッチ**

立ったまま上体を傾ける体勢を続けようとすると、バランスをキープする動きで全身に力みが生じて脱力することができなくなる。

自重を使えば

筋肉を伸ばしやすい状態でストレッチするためには、序章のP20-21でも解説した通り、ストレッチ開始から20秒以降の、〃伸張反射の感度が弱まってくる局面〃まで伸ばすことが理想となります。まずは各種目30秒間行なうことを目標にすれば良いでしょう。

## 最後まで脱力できるのは楽な体勢のストレッチ

ストレッチは脱力して行なうことが基本となりますが、本書で紹介する自重ストレッチには「3つの脱力」があります。3つの異なる脱力が、筋肉を伸ばしやすい状態へと導くのです。

まず最初は、**「筋肉を伸ばす動きの脱力」**です。これは筋力を使わず自重（重力）を負荷にするからこそ可能となる脱力です。

2番目は、**「伸張反射を起こさない脱力」**です。伸張反射を起こさずに筋肉を伸ばし続けられるため、筋収縮の反発や力みにつながる刺激を回避できます。

そして、最後の重要な脱力が**「同じ体勢をキープする動きの脱力」**です。自重ストレッチの中でも、本書で紹介する種目は、イスに座る、床に寝る、壁に手を付くといった、安定した体勢で行なう種目を揃えているため、30秒間続ける場合でも、正しいフォームを力むことなくキープすることが可能です。

体勢を維持するだけで力を使うようなストレッチでは、脱力することは難しいといえます。

### 楽に続けられるふくらはぎの自重ストレッチ

**自重ストレッチ**
壁に体重を掛けた反発力を使ってふくらはぎを伸ばす。壁に両手を付いて行なったため、力むことなく同じ体勢を維持できる。

**一般的なストレッチ**
ふくらはぎの腓腹筋をしっかり伸ばせる種目ではあるものの、両手で体を支える体勢をキープする必要があるため、脱力したまま30秒間続けることが難しい。

自重ストレッチが効果的な理由❹

# 体が硬い人でも無理なくできる

従来のストレッチ種目には、体が硬い人では正しいフォームが実践できない種目も数多くあります。

たとえば、床に座って脚を開き、上体を前方へ倒していく太腿内側のストレッチ（開脚ストレッチ）の場合、体が硬い人はまず脚を大きく開くことができません。上体を倒すこともできません。無理に脚を開いても、伸張反射の刺激が強くなり、全身がこわばった状態になります。

伸張反射による筋収縮作用に抗って筋肉を伸ばしても、脱力したストレッチはできません。筋肉をしっかり伸ばすためには、無理なく実践できる種目を選ぶことが大切です。

本書で紹介する自重ストレッチであれば、体が硬い人でも無理なく実践できます。

## 自重を負荷にすることで心地良い刺激に変わる

従来のストレッチは、みずから体を動かして筋肉を伸ばします。それに対し、自重ストレッチは脱力して重力に身をまかせることで、自分の体の重さが筋肉を伸ばす負荷となります。

**従来のストレッチが「自力で筋肉を伸ばす」自発的な動きであるのに対し、自重ストレッチは「自重で筋肉が伸ばされる」受け身の動きとなります。**

どんなに体が硬い人でも、脱力するだけで自重（重力）が心地良く筋肉を伸ばしてくれるのです。

## 体が硬くてもできる自重ストレッチ

簡

**上腕後面の自重ストレッチ**

壁に上腕後面を押し付け、体重を掛けることで、肘を付かまなくても無理なく上腕三頭筋をストレッチできる。

自重を使えば

**一般的な上腕後面のストレッチ**

頭上で肘をもう片方の手で引くベーシックな上腕三頭筋のストレッチ。肩関節が硬い人は肘をつかむことができない。無理に肘をつかんでも力んでしまって脱力できなくなる。

難

簡

**太腿内側の自重ストレッチ**

四つん這いの体勢で片脚を側方へ伸ばし、体重を掛けて内転筋群を片脚ずつ伸ばす自重ストレッチ。リラックスした状態で無理なく内転筋群を伸ばせる。

自重を使えば

**一般的な太腿内側のストレッチ**

脚を開いて太腿内側の内転筋群を伸ばすベーシックな開脚ストレッチ。体が硬い人は脚を大きく開くことも上体を前方に倒すこともできない。

難

自重ストレッチが効果的な理由❺

# 息を吐きながら筋肉を伸ばせる

自重ストレッチの「脱力して伸ばせる」「力まずに同じ体勢をキープできる」といった特長は、筋肉を伸びやすい状態にもっていくもうひとつのポイントである「呼吸」にもプラスの影響を与えます。

**ストレッチ時の呼吸は、筋肉を伸ばしながらゆっくり息を吐き出していくのが基本。**息を吐き出すことによって体の無駄な力が抜け、筋肉はより脱力した伸びやすい状態となります。

## 息を吐き出すだけでなく呼吸を止めないことも大切

息を吐き出した後は、自然な呼吸で軽く息を吸い込み、再びゆっくり吐き出していきます。**呼吸を止めないことも息を吐き出すことと同じぐらい大切。**息を勢いよく吐き出したり、大きく吸ったりするのも、体の力みにつながるので注意しましょう。

脱力したストレッチができなければ、ゆっくり息を吐き出すことはできません。力を使って筋肉を伸ばす動きも、息を止めて力を発揮しようとするため、息が吐き出せなくなります。

自重ストレッチであればこういったリスクも軽減できるため、常にリラックスした状態で息を吐き出すことができるのです。

ゆっくり息を吐き出しながら筋肉を伸ばすと、筋肉がじわじわ伸ばされていく感覚を感じることができます。この感覚を覚えれば、体が硬い人でもストレッチが楽しくなるはずです。

## 息を吐きながら筋肉を伸ばせる自重ストレッチ

### 太腿裏の自重ストレッチ

イスに座って片脚ずつ体重を掛けて太腿裏を伸ばす自重ストレッチ。リラックスした状態で筋肉を伸ばしながらゆっくり息を吐き出せる。

### 一般的な太腿裏のストレッチ

太腿裏のハムストリングを伸ばすベーシックな前屈ストレッチ。股関節が硬い人は伸張反射の刺激で体がこわばるため、ゆっくり息を吐き出す余裕がない。

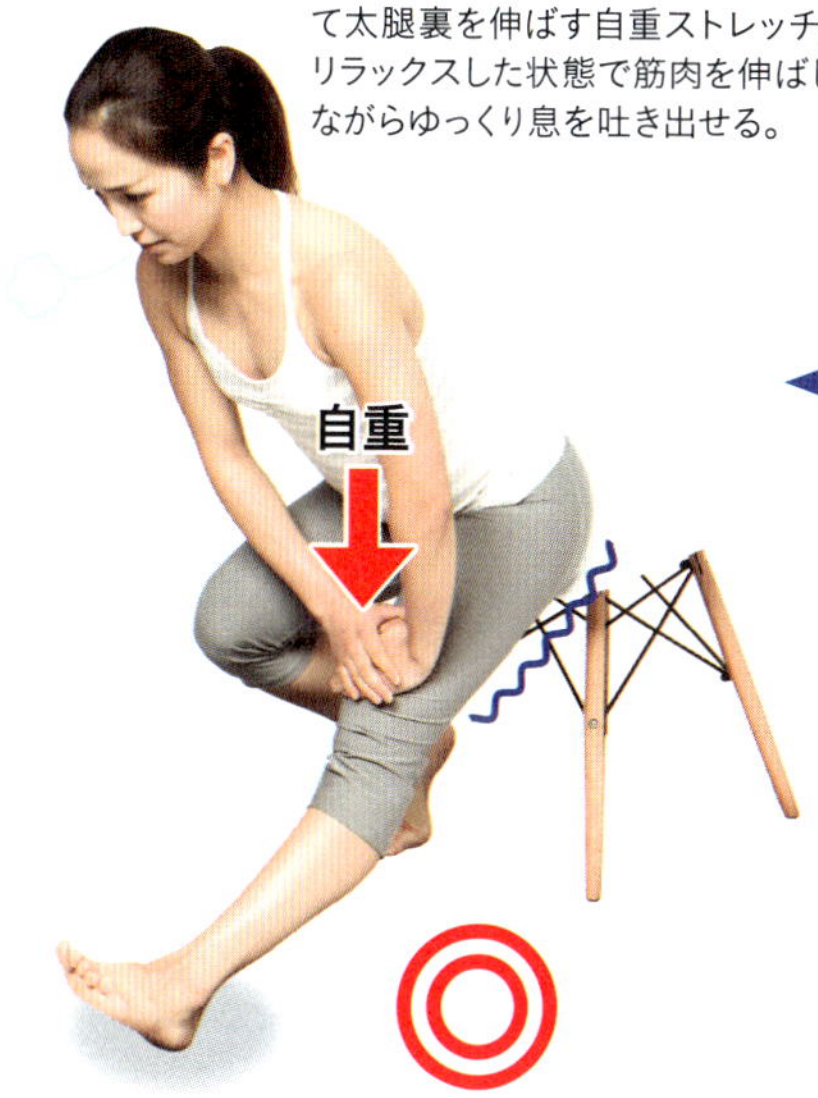


自重を使えば

### お尻の自重ストレッチ

床に座り、股関節に体重を掛けてお尻の大殿筋を伸ばす自重ストレッチ。力を使わず安定した体勢で筋肉を伸ばすため、ゆっくり息を吐き出せる。

自重を使えば

### 一般的なお尻のストレッチ

組んだ脚を引き寄せてお尻の大殿筋を伸ばすベーシックなストレッチ。力を使って脚を引き寄せるため、息を止めて力を発揮しようとしてしまう。

# 自重ストレッチなら楽しく継続できる

自重ストレッチは、従来のストレッチで感じる「ストレス」が大幅に取り除かれているため、体が硬い人でも楽しく継続できる。

## ストレッチは継続しなければ柔軟性も向上しない

ストレッチは継続しないと意味がありません。ストレッチ直後は多少柔軟性が向上するものの、すぐ元に戻ってしまいます。筋肉の材質自体を柔らかくするには、少なくとも**2〜3日に1回行なうペースで1カ月は継続してください。**

自重ストレッチは、従来のストレッチに比べて、伸張反射の刺激が抑えられ、キツい動きもありません。リラックスした状態で無理なく筋肉を伸ばせます。

柔軟性は何歳になっても向上させることができるので、自重ストレッチで楽しくストレッチを続けていきましょう！

第2章

# 体幹の自重ストレッチ

頸部から骨盤まで縦に連なる脊柱（背骨）を前後左右に動かし、
体の中心軸である体幹の筋肉を脱力したまま伸ばします。

# 体幹部の
# 筋肉と柔軟性

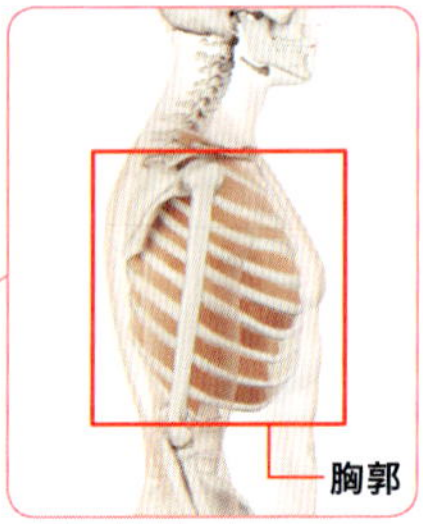


**肋間筋**

上下の肋骨同士をつないでいる筋肉。肋間筋が硬くなると肋骨が動かず胸郭が広がらなくなるため、脊柱を反らせる動きが妨げられる。

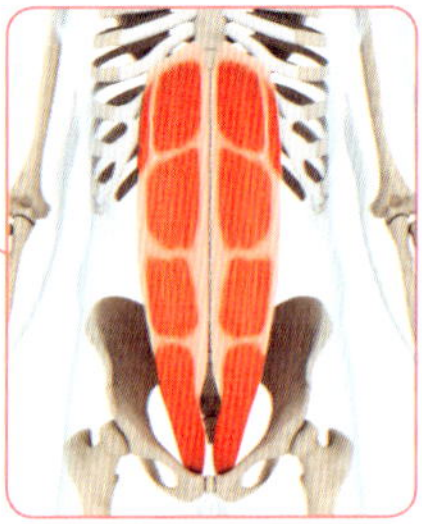

**腹直筋**

腹部前面で肋骨と骨盤をつないでいる筋肉。腹部を収縮させて脊柱を丸める働きがあるため、硬くなると腹部前面が伸びなくなり、脊柱(特に腰部)を反らせる動きが妨げられる。

背中を反らせる動きは、主に胸郭(脊柱と肋骨、胸骨で構成され、息を吸い込むと拡張する部分)の「肋間筋」や、腹部前面の「腹直筋」が硬くなることで脊柱が反らせなくなり、動きが妨げられる。

体の中心軸となる体幹部は、加齢で柔軟性が低下しやすい部分。体幹部が硬くなると、体をしなやかに動かすことができなくなり、いわゆる〝硬い体〟となります。

なかでも特に硬くなりやすいのが、背中を反らせる動き（体幹伸展）です。この動きが硬くなると猫背になったり、肩コリになったり、呼吸が浅くなったりと、さまざまなリスクをともなうため注意が必要です。

脊柱（背骨）を反らせる動きは、主に胸郭《きょうかく》の肋骨《ろっこつ》同士をつないでいる「肋間筋《ろっかんきん》」や、腹部前面にある「腹直筋《ふくちょくきん》」が硬くなることで、動きが妨げられます。

逆に背中を丸める動き（体幹屈曲）も硬い人が増えています。脊柱を曲げる動きが硬くなると腰痛につながる危険もあり。

この動きが硬い人は、主に背中側で脊柱に付着して縦に伸びる脊柱起立筋《せきちゅうきりつきん》や、それを覆っている筋膜（胸腰筋膜《きょうようきんまく》）が硬くなって動きを妨げています。

### 体幹を横に反らせる動きとひねる動きに働く腹斜筋群

脊柱を横に反らせる動き（体幹側屈《そっくつ》）が硬い人は、脇腹にある腹斜筋群《ふくしゃきんぐん》（外腹斜筋、内腹斜筋）が硬くなっています。

また、腹斜筋群が硬くなると、腰を回す動き（体幹回旋《かいせん》）も硬くなっていると考えられます。

しなやかに動く機能的な体を維持するためにも、体幹部のストレッチは効果的です。

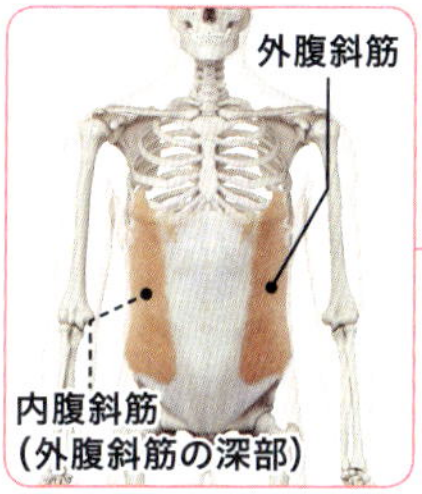


**腹斜筋群**
脇腹で肋骨と骨盤をつないでいる筋肉。外腹斜筋の深部に内腹斜筋がある。硬くなると脇腹で肋骨と骨盤の距離が広がらず、脊柱を横に曲げる動きが妨げられる。さらに、腹斜筋群が硬くなると脇腹が伸びずに脊柱をひねる動きも妨げられる。

上体を横に曲げる動きは、主に脇腹の腹斜筋群（外腹斜筋、内腹斜筋群）が硬くなることで妨げられる。

# 胸郭を広げる
# 自重ストレッチ

## 両腕の重みで胸椎を反らせる

目標
**30秒**

✓ Target

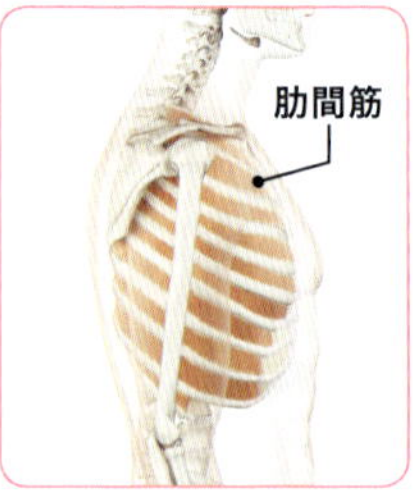
肋間筋

両脚は少し離して
上体が傾かないように
バランスを安定させる
筒状に丸めたバスタオル

### 1 バスタオルの上に仰向けで寝る

筒状に丸めたバスタオルを、左右の肩甲骨下部が当たる位置にセットして仰向けで寝る。硬すぎない筒状の物であればバスタオル以外でも代用可。

## 両腕の重みで胸椎が反り胸郭の肋間筋が伸びる

胸椎《きょうつい》（胸部の脊柱）を反らせて胸郭を広げるストレッチ。脊柱のゆがみを整え、猫背を予防・改善する効果もある。胸椎を反らせることで胸郭の肋骨同士をつないでいる肋間筋や関節周辺組織が伸ばされ、体幹のしなやかな動きが可能になる。

POINT

バスタオルは肩甲骨の下部に当てる。肩甲骨より下の位置になると腰が反ってしまうので注意。

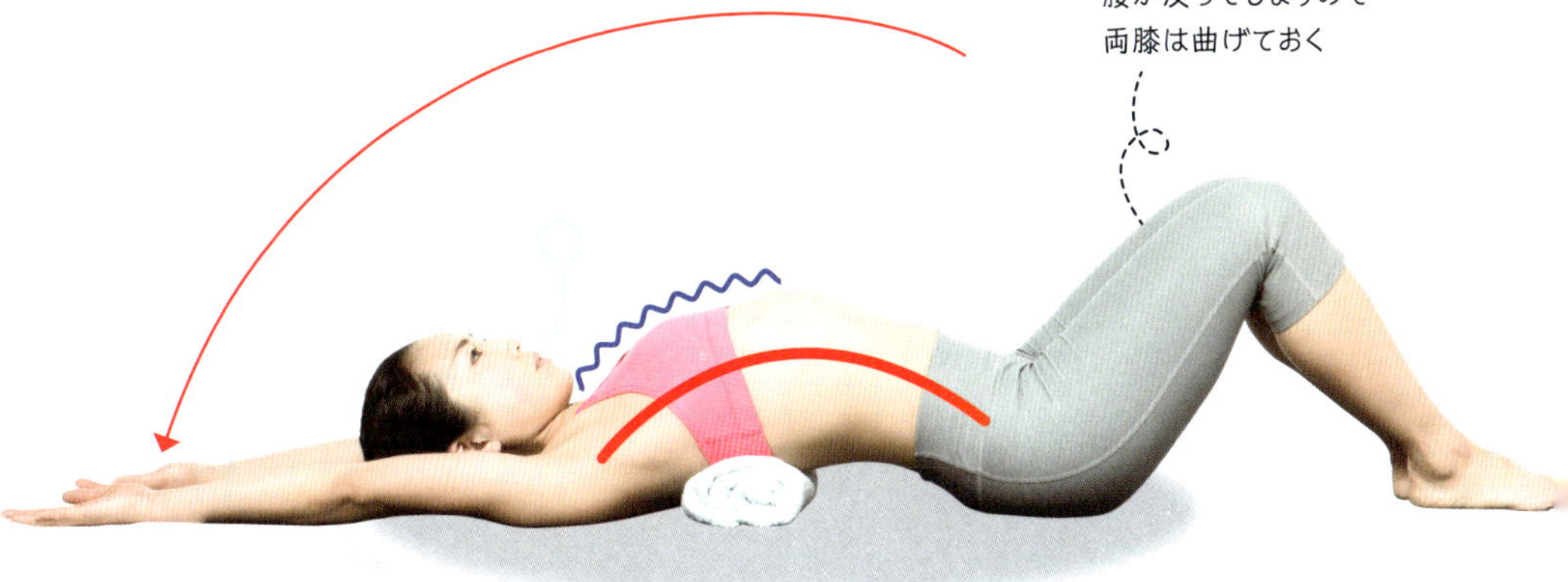
脚を伸ばして行なうと腰が反ってしまうので両膝は曲げておく

### 自重ベクトル

**手の平が上を向くように腕を振ることで肩関節がロックされ、両腕の重みが胸郭を広げる負荷となる。**

### 2 両腕を伸ばしたまま頭上へ振る

バンザイをするように両腕を伸ばしたまま頭上へ振り、息を吐いてゆっくり脱力。硬い人は腕が床に付かなくてもOK。バスタオルを支点にして背中上部の胸椎が反っていく。

LEVEL UP!

# 胸郭を広げる 自重ストレッチ2

壁に体重を掛けた反発力で胸椎を反らせる

Target

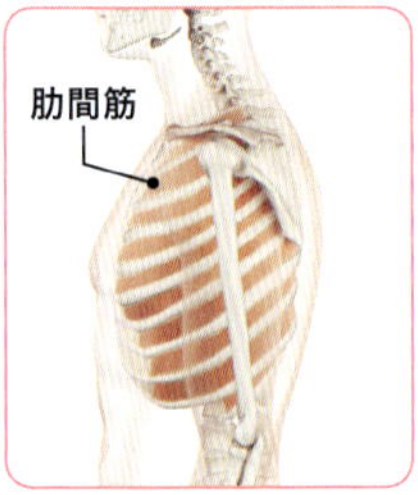


目標
30秒

**1 壁の前に立って両手を付く**

壁から少し離れて立ち、脚を腰幅に開く。そこから壁に軽く寄りかかるように両手を付き、背すじを伸ばす。

## 壁を使って立ったまま胸郭、肋間筋を伸ばす

壁を使った胸郭のストレッチ。寝て行なう場合よりやや伸ばしにくいものの、立ったまま伸ばせるので時間や場所を選ばない。壁へ寄りかかるように体重を掛けた反発力で胸椎を反らせる。壁に両手を付くため安定した体勢で脱力できる。

NG

頭が下がってしまうと胸椎からつながる頸部の頸椎が曲がり、胸椎を反らしにくくなるのでNG。

両膝を軽く曲げ
腰が反らない
ように注意する

**自重ベクトル**

壁に手の平を付いて体重を掛けることによって、肩関節がロックされ、壁からの反発力が胸椎を反らせる負荷となる。

### 2 壁に体重を掛けて胸椎を反らせる

顔を上げたまま壁に体重を掛けた反発力を使って背中上部(胸椎)を反らせる。その状態で脱力してゆっくり息を吐く。

# 脊柱を丸める
# 自重ストレッチ

**頭部と両腕の重みで脊柱を丸める**

Target

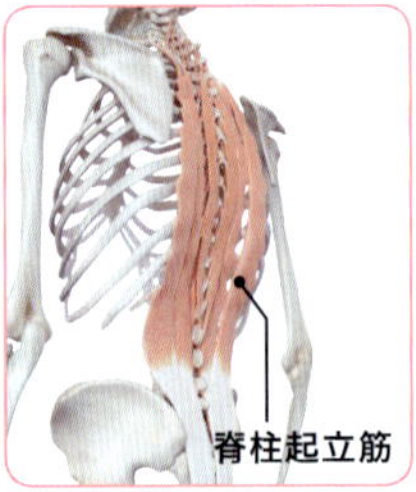

両腕は脱力して
ダラリと下げる

**1 両腕を下げて頭から背中を丸める**

脚を腰幅に開いて立ち、肩の力を抜く。そこから
頭部を前方へ倒して背中を丸める。

目標
30秒

## 背中を丸める動きで脊柱起立筋を伸ばす

脊柱（背骨）を丸めるストレッチ。腰痛予防にもつながる。背中側で脊柱に付着している脊柱起立筋を脱力して伸ばすことができるため、脊柱の可動域が広がる。背中を丸めることで同時に肩甲骨まわりをゆるめることもできる。

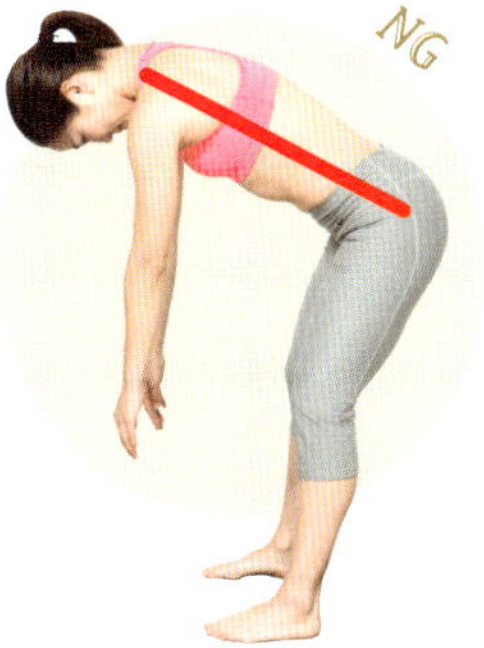


股関節から上体が倒れると脊柱が丸まらず、脊柱起立筋も伸びない。

**自重ベクトル**

**脱力することによって垂れ下がる頭部と両腕の重みがダイレクトに脊柱を丸める負荷となる。**

### 2 頭部をさらに下げて上体を丸める

脱力したまま頭部をさらに下げる。垂れ下がった頭部と両腕の重みで上体が丸まる。その状態で脱力してゆっくり息を吐く。

LEVEL UP!

# 脊柱を丸める 自重ストレッチ2

下半身の重みで脊柱を丸める

目標
30秒

Target

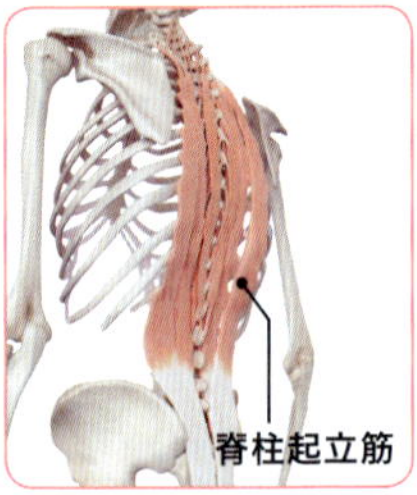

お尻にクッションなどを敷くと
後ろにでんぐり返しがしやすい

## 1 仰向けに寝て両膝を曲げる

仰向けに寝て両膝を曲げる。体の横で手の平を床におくことで、後ろにでんぐり返しをする時に、体が倒れて戻らないように支えることができる。

## 骨盤を後傾させて脊柱全体を丸める

後ろにでんぐり返しをして脊柱（背骨）を丸めるストレッチ。硬い人にはやや難易度が高いものの強く伸ばせる。頭部を倒す動きと骨盤《こつばん》を後傾させる動きが同時に行なわれるため、頭部から骨盤まで連なる脊柱全体を丸めることができる。

テクニック

フォームが作れない人は、背中に布団やクッションを当てて上体を支える方法もあり。

**自重ベクトル**

**両脚を頭上まで振ることで、下半身の重みが脊柱を丸める強い負荷となる。膝が曲がると負荷は小さくなる。**

### 2 後ろにでんぐり返しをして上体を丸める

後ろにでんぐり返しをして肩甲骨から下の体を床から持ち上げ、両脚を揃えて伸ばしたまま頭上まで振っていく。その状態で脱力してゆっくり息を吐く。

# お腹を伸ばす
# 自重ストレッチ

**頭部と両腕の重みでお腹の腹筋を伸ばす**

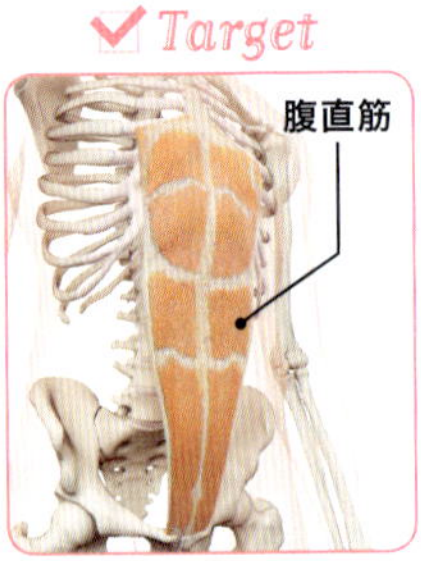
Target
腹直筋

腰を軽く反らし
この時点で軽く
腹部を伸ばしておく

## 1 イスに座って両腕を前方に伸ばす

背もたれのあるイスに座って背すじを伸ばし、両腕を前方に伸ばす。脚は少し開いてバランスをしっかり安定させる。

**目標 30秒**

## 上体および腰を反らせて腹直筋を伸ばす

腹部前面で肋骨と骨盤をつないでいる腹直筋を伸ばすストレッチ。脂肪がつきやすい腹部の血行を促進する効果もある。イスに座った状態で頭部と両腕の重みを使うことによって、脱力しながら腰を痛めないように反らせることができる。

POINT

息を吸う時、少し多めに吸ってお腹を凹ませると、腹部の伸びを強く感じられる。

イスの背もたれが垂直で
もたれにくい場合は
浅めに座ってもたれる

**自重ベクトル**

**手の平が上を向くように腕を振り上げることで肩関節がロックされ、頭部だけでなく、両腕の重みも上体を反らせる負荷として働く。**

### 2 上体を反らせながら腰も軽く反らせる

イスの背もたれにもたれながら、上体を反ると同時に腰も軽く反らせて腹部前面を伸ばす。腰を反らせすぎないように注意。

LEVEL UP!

# お腹を伸ばす 自重ストレッチ2

お尻と骨盤の重みで腹部前面を伸ばす

目標
30秒

Target

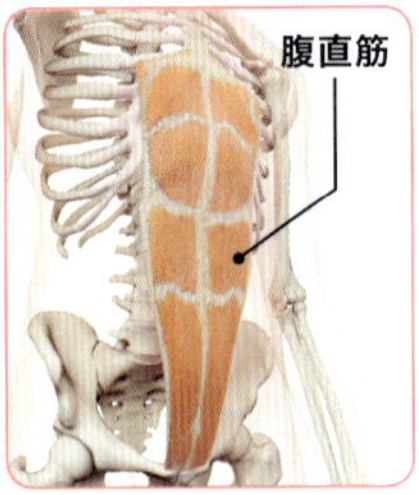

手は肩の真下ではなく
やや前方に付くと
上体を反らしやすい

**1 うつ伏せになって両手と両膝を付く**

うつ伏せになって両膝を付き、両腕を伸ばして上体を支える。脚は腰幅程度に開いておく。

## うつ伏せで上体を反らし腹直筋を伸ばす

うつ伏せの状態で腹直筋を伸ばすストレッチ。お尻と骨盤のどっしりとした重みが上体および腰を反らせて、腹部前面を伸ばす負荷となる。イスに座って行なうよりやや伸ばす感覚がつかみにくいものの、コツをつかめばしっかり伸ばせる。

### バリエーション

腹部が硬い人は、肘先を付いてソフトに伸ばす方法もあり。伸ばす動きは手を付いて行なう場合と同じ。

突っ張り棒のように
腕を伸ばして力まず
楽に上体を支える

**自重ベクトル**

お尻を下げることで、お尻と骨盤の重みが上体および腰を反らせる負荷となる。骨盤を床に乗せていく感覚でお尻を下げると良い。

### 2 上体を反らしながら腰も軽く反らせる

お尻を下げ、上体および腰を軽く反らせる。骨盤をできるだけ床に接地させる。その状態で脱力してゆっくり息を吐く。

# 脇腹を伸ばす
# 自重ストレッチ

## お尻と骨盤の重みで脇腹を伸ばす

目標
左右各
30秒

Target

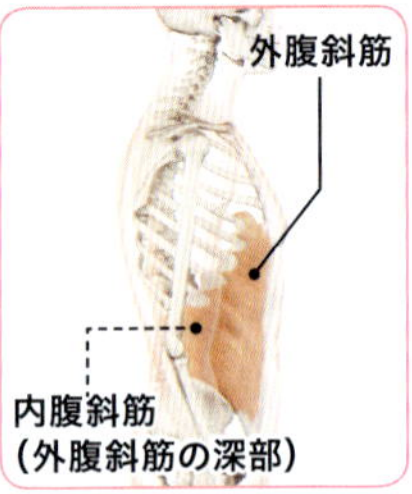
外腹斜筋
内腹斜筋
(外腹斜筋の深部)

骨盤が回らないように
太腿の付け根を押さえる
骨盤は床から
浮いている

### 1 横向きに寝た状態で肘先を付く

横向きに寝て上体を起こし、下側の腕の肘先を付く。
両膝は軽く曲げて上体が傾かないように安定させる。

## 上体を横に反らせて脇腹の腹斜筋群を伸ばす

脇腹で肋骨と骨盤をつないでいる腹斜筋群を伸ばし、脊柱（背骨）を横に反らせる動きの可動域を広げるストレッチ。脂肪がつきやすい脇腹の血行も促進できる。脊柱を横に反らせる側屈の柔軟性を高めることで、体幹をしなやかに動かせる。

NG

上体が回って上側の肩が前方に倒れると、脇腹ではなく腹部前面が伸びる動きになる。

**自重ベクトル**

**骨盤の側面を床に押し付ける感覚で上体を横に反らせると、お尻と骨盤の重みが脇腹の腹斜筋群を伸ばす負荷となる。**

骨盤が接地する
骨盤が横を向いた状態を維持するため両脚は上下に重ねる

**2 脱力して骨盤の側面を床に接地させる**

脱力して上体を横に反らしながら下側の脇腹を伸ばす。骨盤の側面をできるだけ床に付け、ゆっくり息を吐く。

LEVEL UP!

# 脇腹を伸ばす 自重ストレッチ2

**頭部と腕の重みで体の側面を伸ばす**

目標
左右各
30秒

曲げる方向に
手の平を向ける

✓ Target

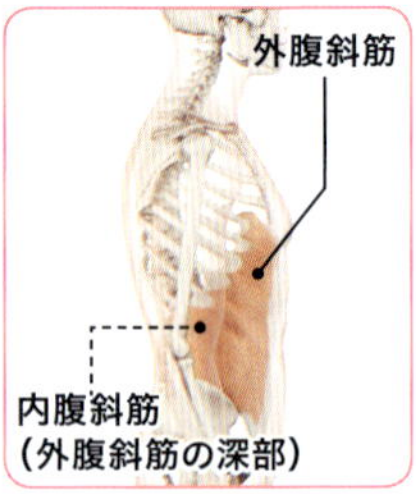


## 1 イスに座って脚を組み、片腕を上げる

イスに深く座って脚を組み、組んだ脚の足首をつかむ。そこから背すじを伸ばし、もう片方の腕を頭上へ伸ばす。

## 脊柱を横に反らせて体側を広範囲に伸ばす

イスに座って脇腹の腹斜筋群を伸ばすストレッチ。頭部と腕の重みを使って脊柱を横に反らせる。横向きに寝て行なうより、脇の下に近い部分まで広範囲を伸ばせる。イスに座ることで脊柱の土台である骨盤が固定され、脱力しやすくなる。

イスに浅く座ると不安定になり、上体と一緒に骨盤まで傾くため、脊柱を横に反らせることができない。

**自重ベクトル**

**頭部と腕の重みが脊柱を横に曲げて体の側面を伸ばす負荷となる。頭上に伸ばした腕は曲げると負荷が下がる。**

組んだ脚の足先をつかむことにより上体を真横に反りやすくなる

### 2 背もたれにもたれながら上体を横に反らせる

背もたれにもたれて腰を密着させたまま、床に付いている脚のほうへ、腕を頭上へ伸ばしたまま上体を横に反らせる。

# 脇腹をひねる
# 自重ストレッチ

## 上体の重みで骨盤が動かないように固定

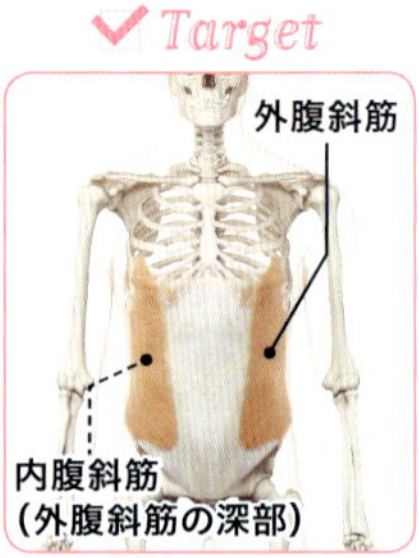
Target
外腹斜筋
内腹斜筋
(外腹斜筋の深部)

脚は軽く開き
上体を安定させる

目標
左右各
30秒

**1 イスに座って背すじを伸ばす**

背もたれのあるイスに深く座り、背すじを伸ばす。
イスは座ったときに足が付く高さのものを使う。

## 上体をひねる動きで 脇腹の腹斜筋群を伸ばす

脇腹で肋骨と骨盤をつないでいる腹斜筋群をひねって伸ばし、脊柱（背骨）を左右にひねる動きの可動域を広げる。腰痛予防の効果もある。イスに座ることで脊柱の土台である骨盤が固定され、安定した状態で脊柱をひねることができる。

NG

上体と一緒に骨盤も回ると腹斜筋群が伸びないのでNG。足幅を広げると安定感が増す。

上体をひねっても
骨盤の向きは
正面を向いたまま

**自重ベクトル**

**イスにどっしり体重を乗せることで、座面と接する骨盤が上体と一緒に回らないように固定されるため、脊柱を強くひねることができる。**

### 2 イスにつかまって上体をひねる

イスに座ったまま上体をひねって背もたれをつかむ。
その状態で脱力してゆっくり吐く。

LEVEL UP!

# 脇腹をひねる 自重ストレッチ2

脚の重みを使って上体をひねる

目標
左右各
30秒

Target

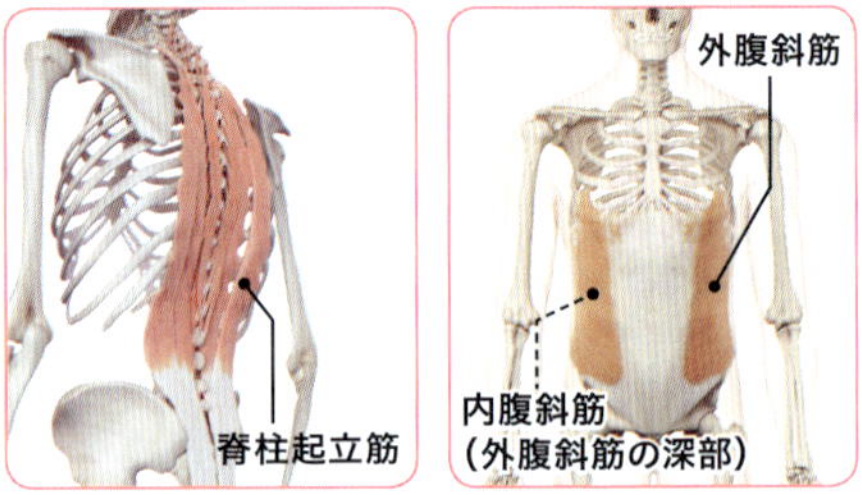


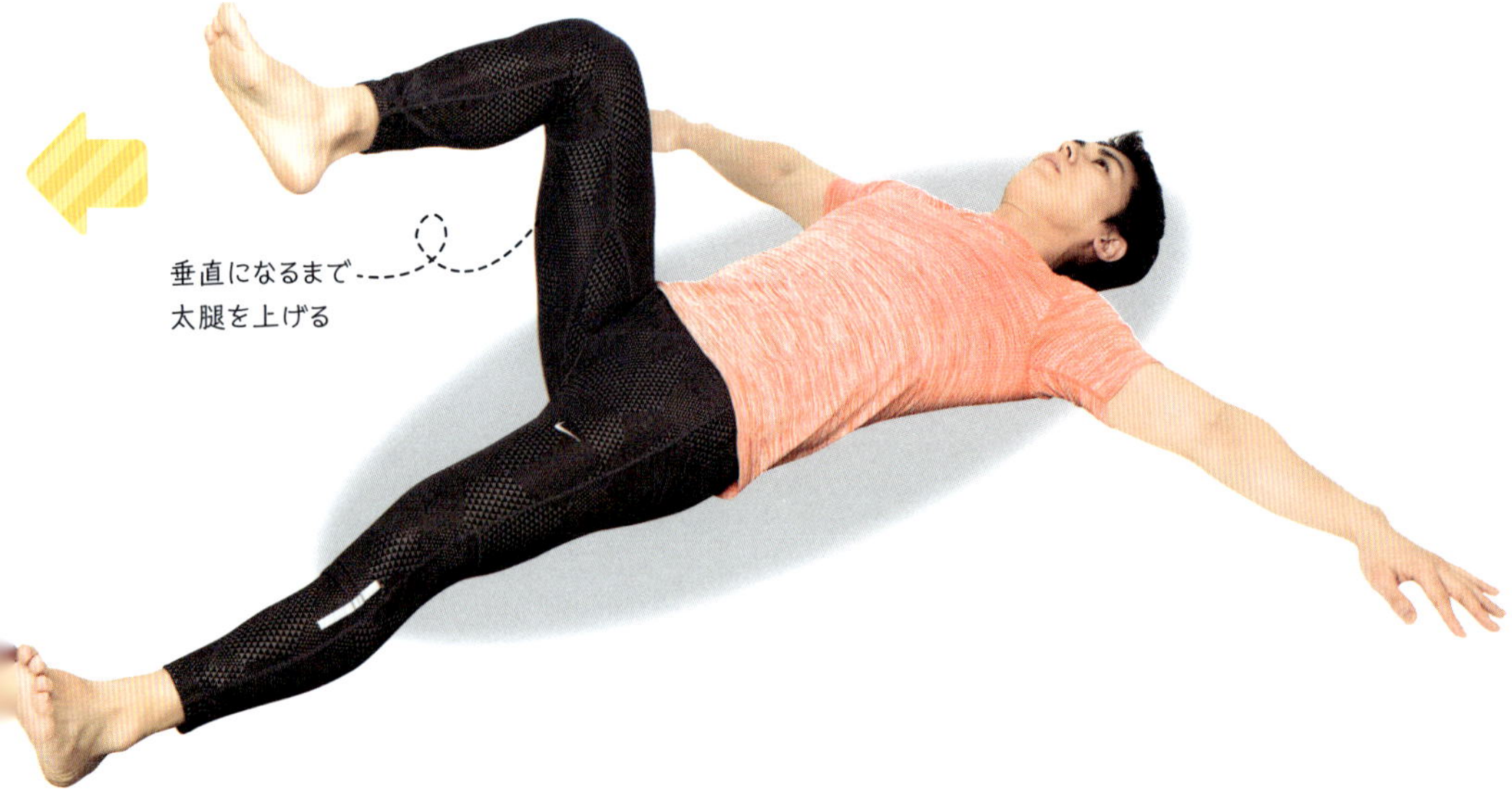


## 1 仰向けで片脚を曲げて垂直に上げる

仰向けの状態で片膝を90度に曲げ、太腿が垂直になるまで持ち上げる。両腕は左右に広げて上体を安定させる。

## 脚の重みで骨盤が回り腹斜筋群が伸ばされる

上半身を固定したまま、骨盤から下半身をひねって脇腹の腹斜筋群を伸ばすストレッチ。脊柱（背骨）をひねる動きの可動域が広がる。寝て行なうことにより、腹斜筋群だけでなく、脊柱起立筋も脱力した状態で一緒に伸ばすことができる。

NG

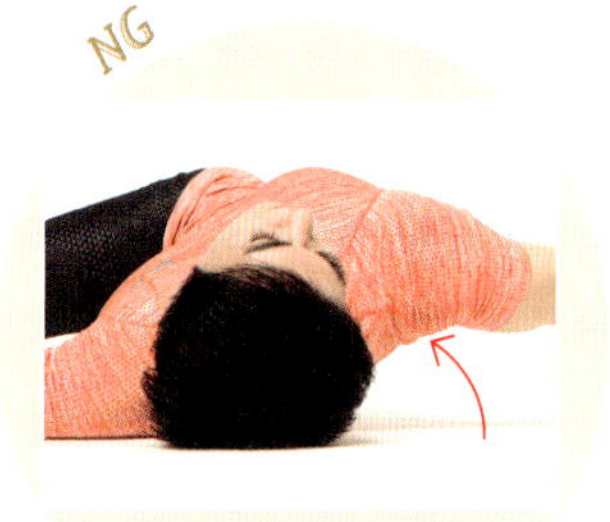

下半身と一緒に上半身が回って床から肩が浮き上がると、脊柱がひねられなくなり、腹斜筋群も伸びない。

首を逆向きにひねることで脊柱がより強くひねられる

**自重ベクトル**

**背中全体が接地するため、脱力したまま上体の重みで上半身が動かないようにしっかり固定できる。**

膝に手を乗せてひねる動きをアシストする

**自重ベクトル**

**垂直に持ち上げた脚を内側へ倒すことで骨盤が一緒に回るため、脚の重みで脊柱がしっかりとひねられる。**

### 2 持ち上げた脚を内側に倒して体幹をひねる

両肩を床につけたまま、持ち上げた脚をできるところまで内側に倒す。その状態で脱力してゆっくり息を吐く。

# 首の前面を伸ばす 自重ストレッチ

## 上体の重みで首を後方に反らせる

✓ Target

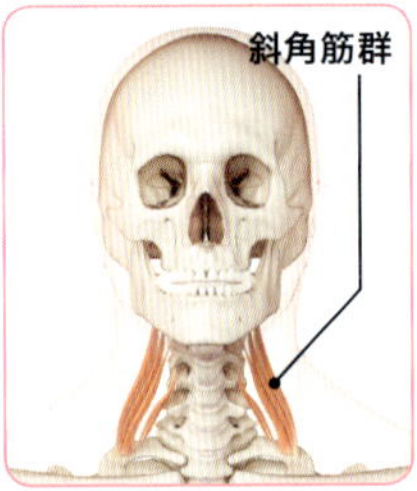

机に両肘を付いて
両手を合わせる

目標
30秒

### 1 両手の親指の腹にアゴを乗せる

イスに座って机に両肘を付く。そこから両手を合わせて、親指の腹にアゴを引っ掛けるように乗せる。

## 頭部を後方に倒す動きで首の斜角筋群を伸ばす

頭部と上部肋骨をつないでいる斜角筋《しゃかくきん》群を伸ばし、頸椎《けいつい》（頸部の脊柱）を反らせる動きの可動域を広げるストレッチ。ストレートネックの予防にもなる。首前面の表層にある広頸筋も伸ばせるため、首のシワを予防・改善する効果もある。

LEBEL UP!

顔が斜め上を向く方向に反らせると、斜角筋群だけでなく胸鎖乳突筋も一緒に伸ばすことができる。

**自重ベクトル**

**脱力して親指に上体の重みを乗せることで、アゴが持ち上がって頭部が後方へ倒れるため、首の前面がストレッチされる。**

下アゴを突き出し
しゃくれさせると
首の前面がより
強く伸びる

### 2　親指に体重を乗せて首を反らせる

脱力してアゴから親指に体重を乗せ、上体の重みで首をしっかり反らせる。その状態でゆっくり息を吐く。

# 首の後面を伸ばす 自重ストレッチ

頭部と両腕の重みで首を前方に曲げる

タオルは頭頂部に
近い位置に掛けるほど
テコの原理が働いて
しっかり伸ばせる

Target

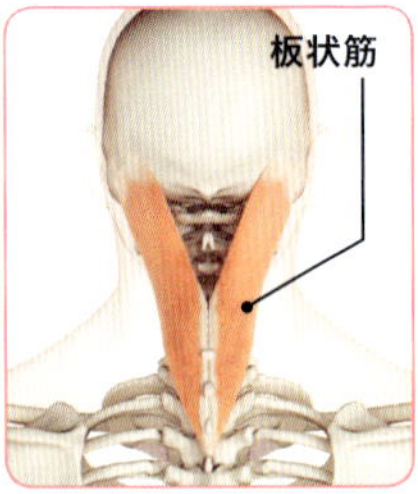


目標
30秒

**1 タオルを後頭部に引っ掛ける**

タオルの両端を持ち、後頭部にタオルの中心部分を
引っ掛ける。そこから背すじをしっかり伸ばす。

## 頭部を前方に倒す動きで首後面の板状筋を伸ばす

タオルを使って首後面で頭部と脊柱（背骨）をつないでいる板状筋《ばんじょうきん》を伸ばす。頸椎（頸部の脊柱）を前方に曲げる動きの可動域を広げるストレッチ。後頭下筋群など首の深部にある小さい筋肉も一緒に伸ばせる。首のコリを予防・改善する効果もある。

### バリエーション

前方に曲げるだけでなく、顔が斜め下を向く方向にも曲げると、首の後面をより全体的に伸ばせる。

頭部を倒す時に背中が丸まると首の後面が伸びないので注意する

### 自重ベクトル

両腕を脱力して腕がぶら下がっている状態にすることで、タオルを通して頭部と両腕の重みが首後面を伸ばす負荷となる。

### 2 頭部を前方に倒して両腕を脱力する

タオルを引きながら頭部を前方へ倒す。頭部を倒したら両腕は脱力する。その状態でゆっくり息を吐く。

# 首の側面を伸ばす
# 自重ストレッチ

## 頭部と腕の重みで首を側方に曲げる

**頭部を横に倒す動きで胸鎖乳突筋を伸ばす**

タオルを使って、首の側面で頭部と鎖骨および胸骨をつないでいる胸鎖乳突筋を伸ばす。頸椎（頸部の脊柱）を横に曲げる動きの可動域を広げるストレッチ。首の付け根部分にある僧帽筋の上部も一緒に伸ばせる。首のコリや肩コリを予防・改善する効果もある。

Target

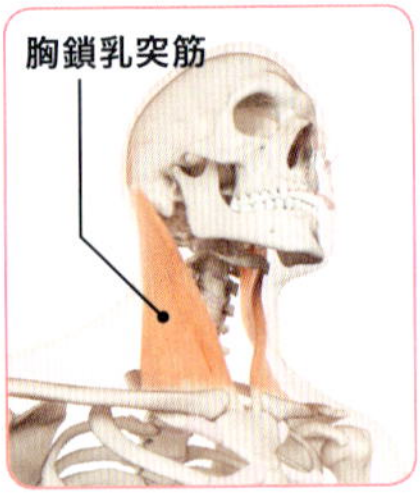


### 1 タオルを側頭部に引っ掛ける

片手でタオルの両端を持ち、側頭部に引っ掛ける。そこから背すじを伸ばす。

### 2 頭部を側方に倒して腕を脱力

頭部を側方へ倒して腕を脱力する。その状態でゆっくり息を吐く。

目標
左右各
30秒

頭部を倒す時に
タオルを持って
いない腕を
背中に回すことで
より強く伸ばせる

**自重ベクトル**

**腕を脱力して腕がぶら下がっている状態にすることで、タオルを通して頭部と腕の重みが首側面を伸ばす負荷となる。**

第3章

# 股関節の自重ストレッチ

硬くなりやすい股関節を多方向に動かし、お尻や太腿内側、
股関節まわりの筋肉を脱力したまま伸ばしていきます。

# 股関節の筋肉と柔軟性

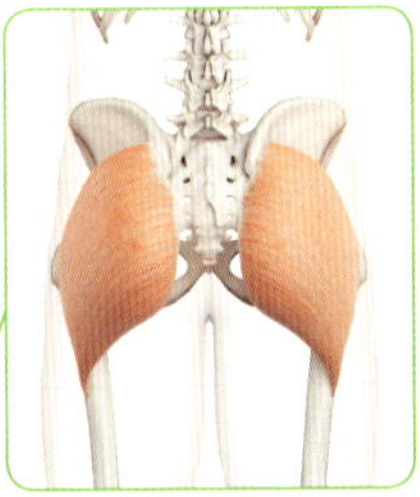

### 大殿筋

お尻側で骨盤と太腿の大腿骨をつないでいる筋肉。硬くなると大腿骨を前方に振る動きが妨げられる。人体で最も体積が大きい筋肉であり、大きな負荷を加えないと伸ばせない。

太腿を外方向にひねった状態（外旋位）で、股関節から上体を前方に倒す大殿筋の自重ストレッチ。大殿筋には、太腿を外旋位で前方に振り上げると、より全体を伸ばすことができる性質がある。

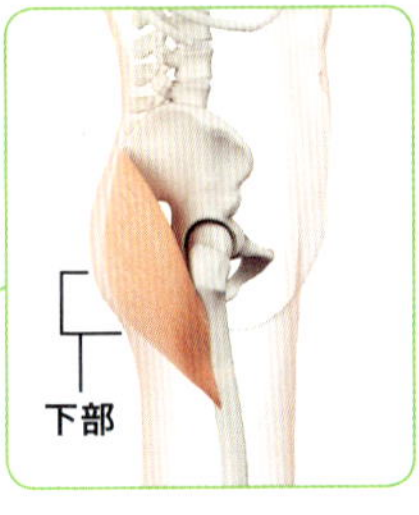


### 大殿筋（下部）

このストレッチでは、大殿筋の中でも、特に硬くなりやすく、太腿を前方へ振る動きを妨げる下部を中心に伸ばすことができる。

股関節に体重を掛けて太腿を前方に大きく振る大殿筋の自重ストレッチ。

股関節の動きに最も関わっている筋肉は、お尻を形成している「大殿筋《だいでんきん》」です。

大殿筋は上体を起こしたり、立ち上がったり、歩行で脚を引いたり、日常生活で使用される頻度が高いため、疲労で硬くなりやすい筋肉でもあります。

主に大殿筋は、太腿を後方へ振る動き（股関節伸展）と、太腿を外方向へひねる動き（股関節外旋）に働きます。

大殿筋が硬くなると、太腿を前方へ持ち上げる動きが妨げられ、歩幅が狭くなったり、階段を上るのが億劫《おっくう》になったり、運動量や運動意欲の低下につながっていくので注意しましょう。

太腿を前方へ振る動き（股関節屈曲）に働く股関節深部の腸腰筋も使用頻度が高い筋肉。硬くなると脚を後方へ振る動きが妨げられるため、これも歩幅が狭くなる原因となります。

## 開脚の動きを妨げるのは太腿内側の内転筋群

開脚の動きが硬い人は、太腿内側の内転筋群《ないてんきんぐん》（長内転筋、短内転筋、大内転筋、薄筋《はっきん》）が硬くなっています。日常生活では脚を広げる機会が少ないため、内転筋群は基本的に柔軟性が低い部分。しかし、ストレッチをすれば柔軟性を高められます。

股関節が硬くなると動きづらくなって運動意欲が低下し、下半身の筋力の衰えにもつながるため、ストレッチで柔軟性を維持することが大切です。

**薄筋**
太腿内側で骨盤と下腿の脛骨をつないでいる。股関節と膝関節をまたぐ内転筋群で唯一の二関節筋。開脚ストレッチではこの筋肉の柔軟性が特に重要となる。

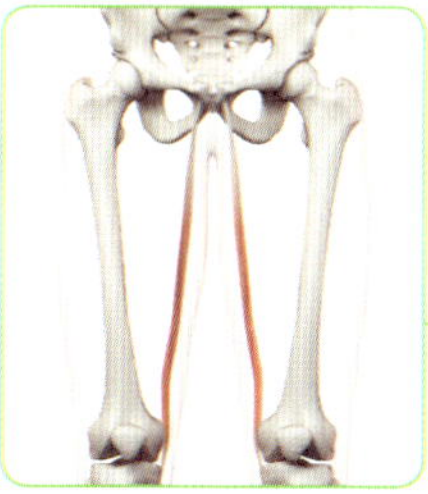

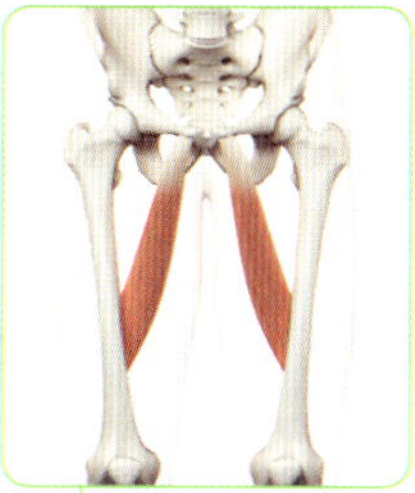

**長内転筋**
太腿内側で骨盤と大腿骨をつないでいる筋肉。内転筋群の中では前寄りに位置する。太腿を内側に閉じる動き（股関節内転）に働き、硬くなると脚を外側へ開く動きが妨げられる。

開脚ストレッチが苦手な人は、主に内転筋群の「長内転筋」「短内転筋」「薄筋」が硬くなっている。

# 太ももの付け根を伸ばす
# 自重ストレッチ

上体の重みで太腿を後方に振る

目標
左右各
**30秒**

膝より少し前の
位置に足を付く

Target

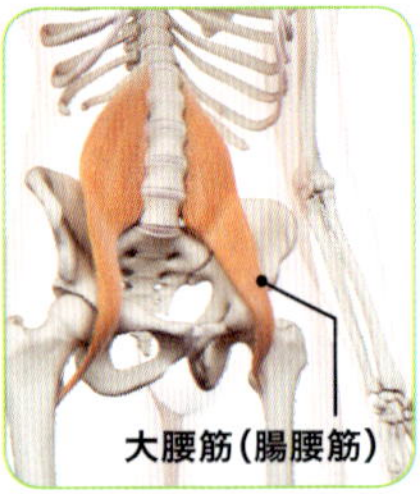
大腰筋(腸腰筋)

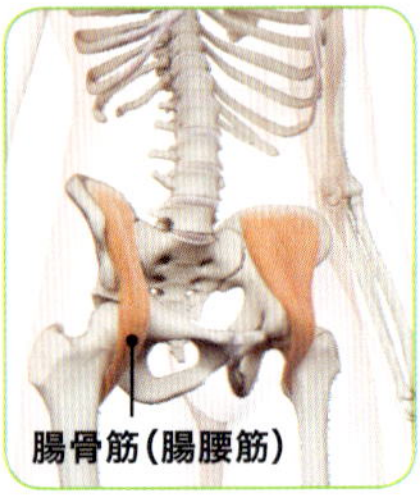
腸骨筋(腸腰筋)

**1** **脚を前後に開いて片膝を付く**

片膝を付いて、もう片方の脚を前方に付く。そこから上体を立てて背すじを伸ばす。両手は骨盤をつかむ。

## 股関節を伸展させて腸腰筋を伸ばす

　脊柱（背骨）および骨盤と太腿の大腿骨をつないでいる腸腰筋《ちょうようきん》（大腰筋《だいようきん》、腸骨《ちょうこつ》筋《きん》）を伸ばし、太腿を後方に振る動き（股関節伸展）の可動域を広げる。腸腰筋が硬いと骨盤が後傾しにくくなり、脊柱のゆがみや腰痛につながるので要注意。

NG

重心を下げる時に上体が前方に倒れると、太腿が後方に振られないため腸腰筋が伸びない。

**自重ベクトル**

骨盤を前方へスライドさせるように押し出しながら重心を下げることで、上体の重みが太腿を後方に振って腸腰筋を伸ばす負荷となる。

骨盤をスライド
させるように
前方へ押し出す

### 2 骨盤を押し出すように上体を沈める

背すじを伸ばしたまま、骨盤を前方に押し出して重心を下げ、後ろ脚を付け根から後方に振る。その状態で脱力してゆっくり息を吐く。

LEVEL UP!

# 太ももの付け根を伸ばす自重ストレッチ2

## 上体の重みでイスに乗せた脚を後方に振る

目標
左右各
30秒

座面が硬い場合は
クッションなどを敷く

Target

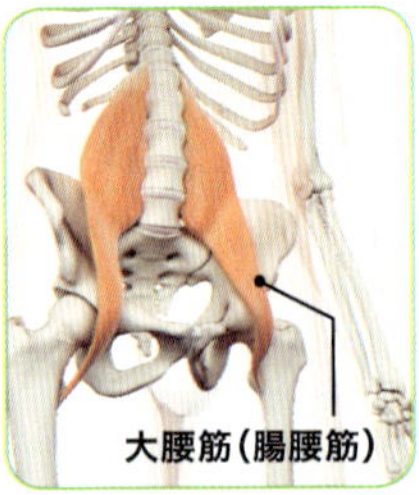
大腰筋（腸腰筋）

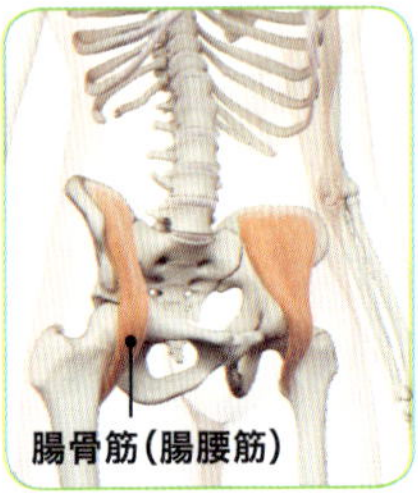
腸骨筋（腸腰筋）

### 1 片脚を後方に引いてイスに乗せる

片脚を後方に引いてイスに膝を乗せる。そこから上体を立てて背すじを伸ばす。両手は骨盤をつかむ。

## 股関節を強く伸展させて腸腰筋をしっかり伸ばす

後ろ脚をイスに乗せることで太腿を後方に振る範囲を広げ、より強く腸腰筋（大腰筋、腸骨筋）を伸ばすストレッチ。伸ばし方は床に膝を付いて行なう場合とほぼ同じ。上体の重みで腸腰筋を伸ばす感覚はイスを使ったほうがつかみやすい。

NG

重心を下げる時に上体が反ると、股関節ではなく、脊柱（背骨）の動きになるのでNG。

前脚ではなく
後ろ脚の付け根に
体重が乗るように
重心を下げていく
自重ベクトル
骨盤を前方へスライドさせるように押し出しながら重心を下げることで、上体の重みが太腿を後方に振って腸腰筋を伸ばす負荷となる。

### 2 骨盤を押し出すように上体を沈める

背すじを伸ばしたまま、骨盤を前方に押し出して重心を下げ、後ろ脚を付け根から後方に振る。その状態で脱力してゆっくり息を吐く。

# お尻を伸ばす
# 自重ストレッチ

**上体の重みで外旋した太腿を振り上げる**

目標
左右各
**30秒**

座面が硬い場合は
クッションなどを敷く
膝から下部分を
座面に乗せる

Target

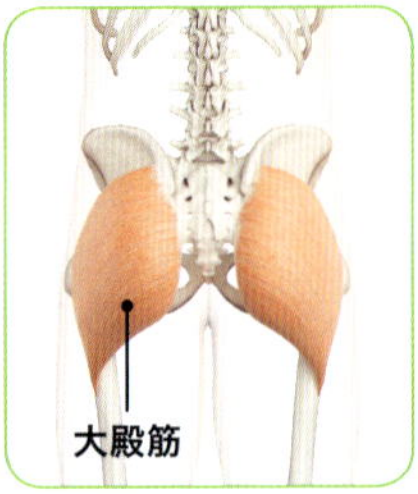
大殿筋

**1 片脚を90度に曲げてイスに乗せる**

片脚を90度に曲げて膝下部分をイスに乗せる。
両手でイスに乗せた脚を固定し、背すじを伸ばす。

## 外旋した股関節を屈曲し お尻の大殿筋を伸ばす

お尻側で骨盤と太腿の大腿骨をつないでいる大殿筋を伸ばし、太腿を前方に振る動き（股関節屈曲）の可動域を広げるストレッチ。股関節を外方向にひねった状態で屈曲させることにより、体積の大きな大殿筋をより全体的に伸ばせる。

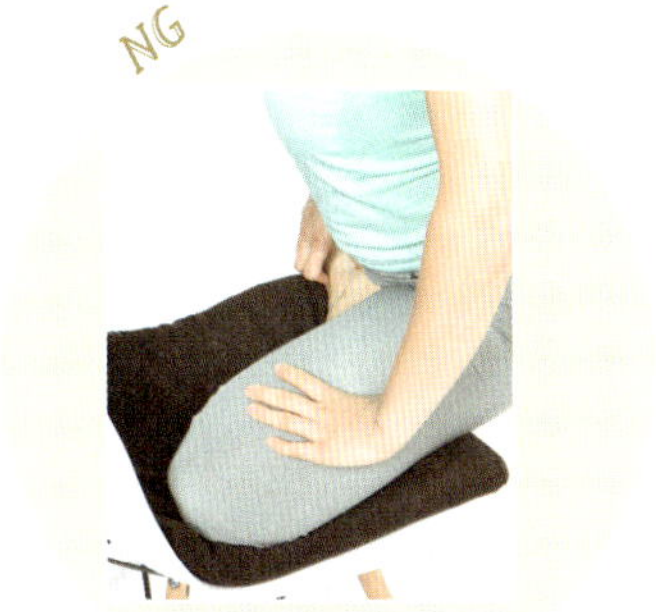
NG

イスに乗せる脚を深く曲げすぎると、太腿を外方向にひねる外旋が小さくなる。

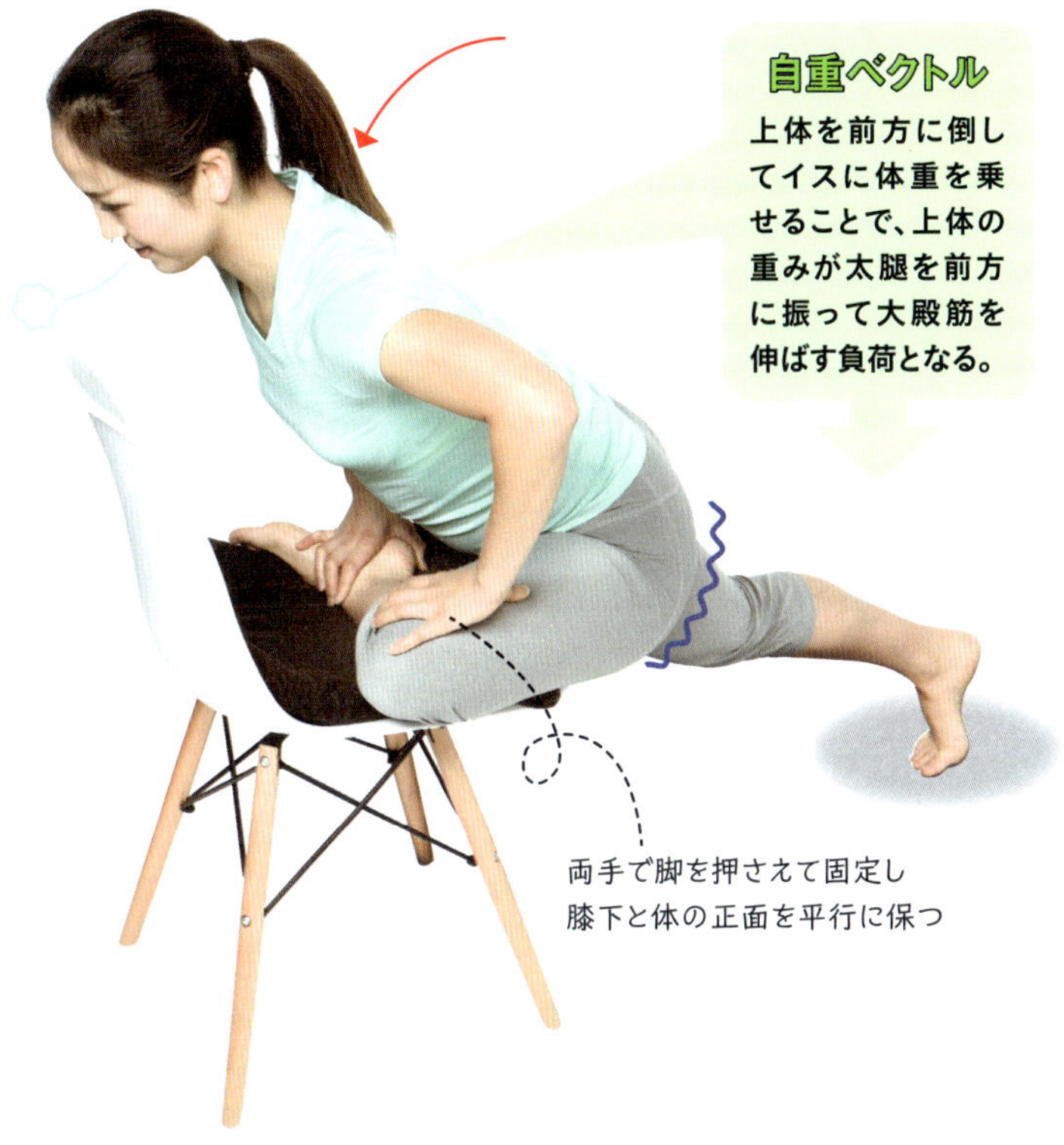
両手で脚を押さえて固定し
膝下と体の正面を平行に保つ

**自重ベクトル**

**上体を前方に倒してイスに体重を乗せることで、上体の重みが太腿を前方に振って大殿筋を伸ばす負荷となる。**

### 2 背すじを伸ばしたまま上体を前方に倒す

背すじを伸ばしたまま上体を前方に倒し、イスに体重を乗せていく。その状態で脱力してゆっくり息を吐く。

LEVEL UP!

# お尻を伸ばす自重ストレッチ2

## 上体を倒して外旋した太腿を前方に振る

目標
左右各
30秒

Target

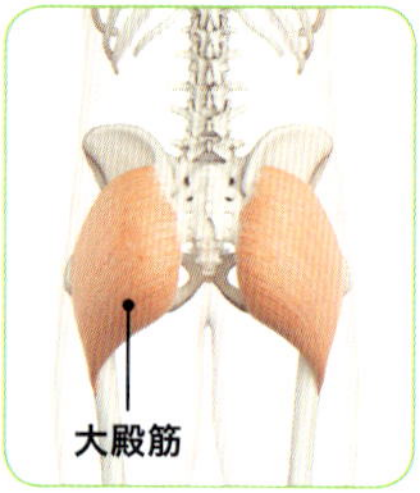

前脚の膝下を
体の正面と
平行にする

**1 前後開脚して前脚を90度に曲げる**

前後開脚で腰を下ろし、前脚を90度に曲げる。
そこから両手を付いて背すじを伸ばす。

## 外方向にひねった前脚を上体を倒して前方に振る

お尻の大殿筋をより強く伸ばすストレッチ。股関節の柔軟性が必要となるので中級者向け。イスを使う方法より後ろ脚が後方へ大きく振られて脚の前後開脚が大きくなるため、外方向にひねった状態の太腿がより大きく振り上げられる。

NG

上体を倒す時に背中が丸まると股関節の屈曲が小さくなり、大殿筋をしっかり伸ばせない。

つま先を立てずに
足の甲を床に付けて
後ろ脚も脱力する
心地良い伸びを
感じる位置に手を付く

**自重ベクトル**

**上体を前方に倒して股関節に体重を掛けることにより、上体の重みが太腿を前方に振って大殿筋を伸ばす負荷となる。**

### 2 背すじを伸ばしたまま上体を前方に倒す

両手を前方に付き、背すじを伸ばしたまま上体を前方に倒す。その状態で脱力してゆっくり息を吐く。

# お尻の下部を伸ばす
# 自重ストレッチ

## 上体の重みで太腿を大きく振り上げる

目標
左右各
30秒

Target

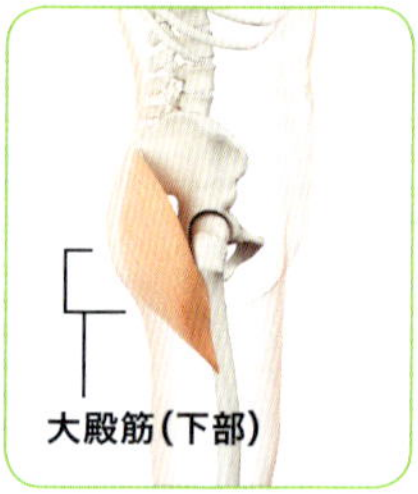
大殿筋（下部）

両手を重ねて
膝の上におく
イスが動く場合は
壁際などにおく

**1 片脚を振り上げてイスに乗せる**

片脚を前方に振り上げてイスに足裏全体を乗せる。
そこから両手を膝の上に乗せて上体を立てる。

## 股関節を深く屈曲して大殿筋の下部を伸ばす

お尻側で骨盤と太腿の大腿骨をつないでいる大殿筋の下部を伸ばし、太腿を前方に振る動き(股関節屈曲)の可動域を広げるストレッチ。太腿を前方に大きく振り上げることで、大殿筋の肉厚で硬くなりやすい下部を中心に伸ばす。

膝が前に出ると大殿筋は強く伸ばせない。膝は足を付いている位置より少し後方になる。

**自重ベクトル**

**上体を立てたまま重心を下げることにより、上体の重みがダイレクトに太腿を前方に大きく振り上げて大殿筋下部を伸ばす負荷となる。**

### 2 骨盤を押し出すように上体を沈める

上体を立てたまま骨盤を前方に押し出して重心を下げ、お尻を沈める。その状態で脱力してゆっくり息を吐く。

# 内ももを伸ばす自重ストレッチ

上体の重みで太腿を側方に振る

目標
左右各
30秒

Target

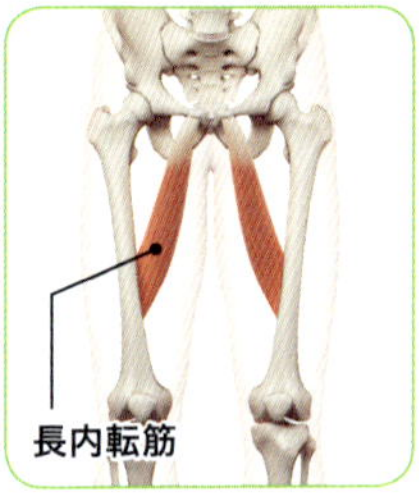
長内転筋

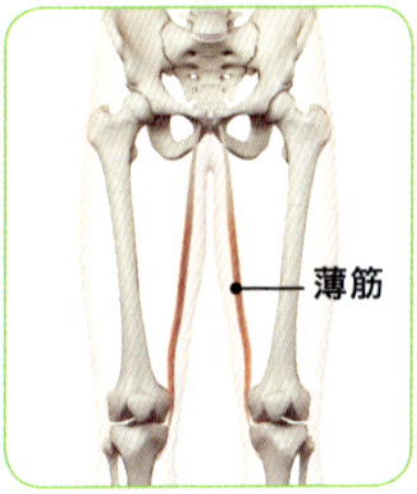
薄筋

足の内側を接地して
つま先を前に向ける

## 1 片脚を側方へ開いて伸ばす

イスに浅く座り、片脚を側方へ開いて真っすぐ伸ばす。そこから両手で太腿の付け根を押さえて背すじを伸ばす。

## 股関節を外側に開いて内転筋群を伸ばす

脚を側方に振る動きによって、太腿の内側で骨盤と太腿の大腿骨をつないでいる内転筋群を伸ばし、開脚(股関節外転)の可動域を広げるストレッチ。膝を伸ばすことで股関節と膝関節をまたぐ二関節筋の薄筋も伸ばすことができる。

側方へ伸ばした脚のつま先が外側に向いていると、太腿裏を伸ばす動きになるのでNG。

足の付く位置を調整することでバランスを取る

**自重ベクトル**

**上体を側方に倒して股関節に体重を掛けることにより、上体の重みが太腿を側方に振って内転筋群を伸ばす負荷となる。**

### 2 背すじを伸ばしたまま上体を側方に倒す

側方へ開いた脚と背すじを伸ばしたまま、上体を股関節から側方に倒す。その状態で脱力してゆっくり息を吐く。

LEVEL UP!

# 内ももを伸ばす 自重ストレッチ2

お尻と骨盤の重みで太腿を真横に開く

目標
左右各
30秒

✔ Target

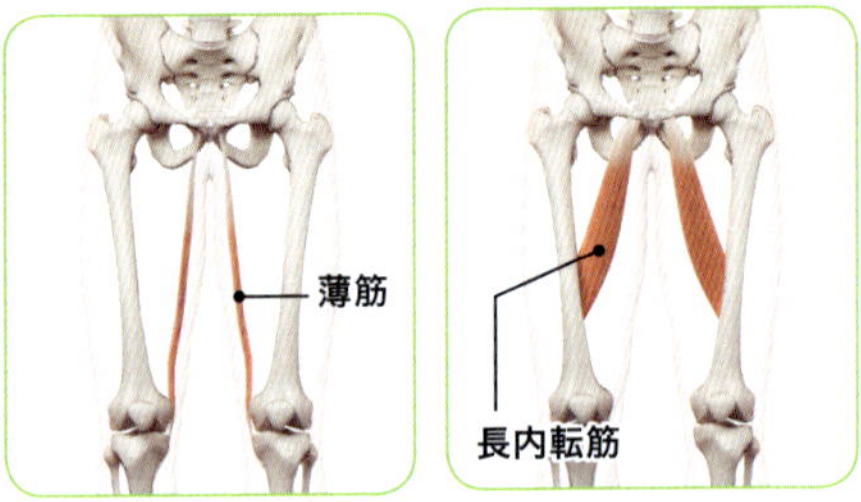
薄筋
長内転筋

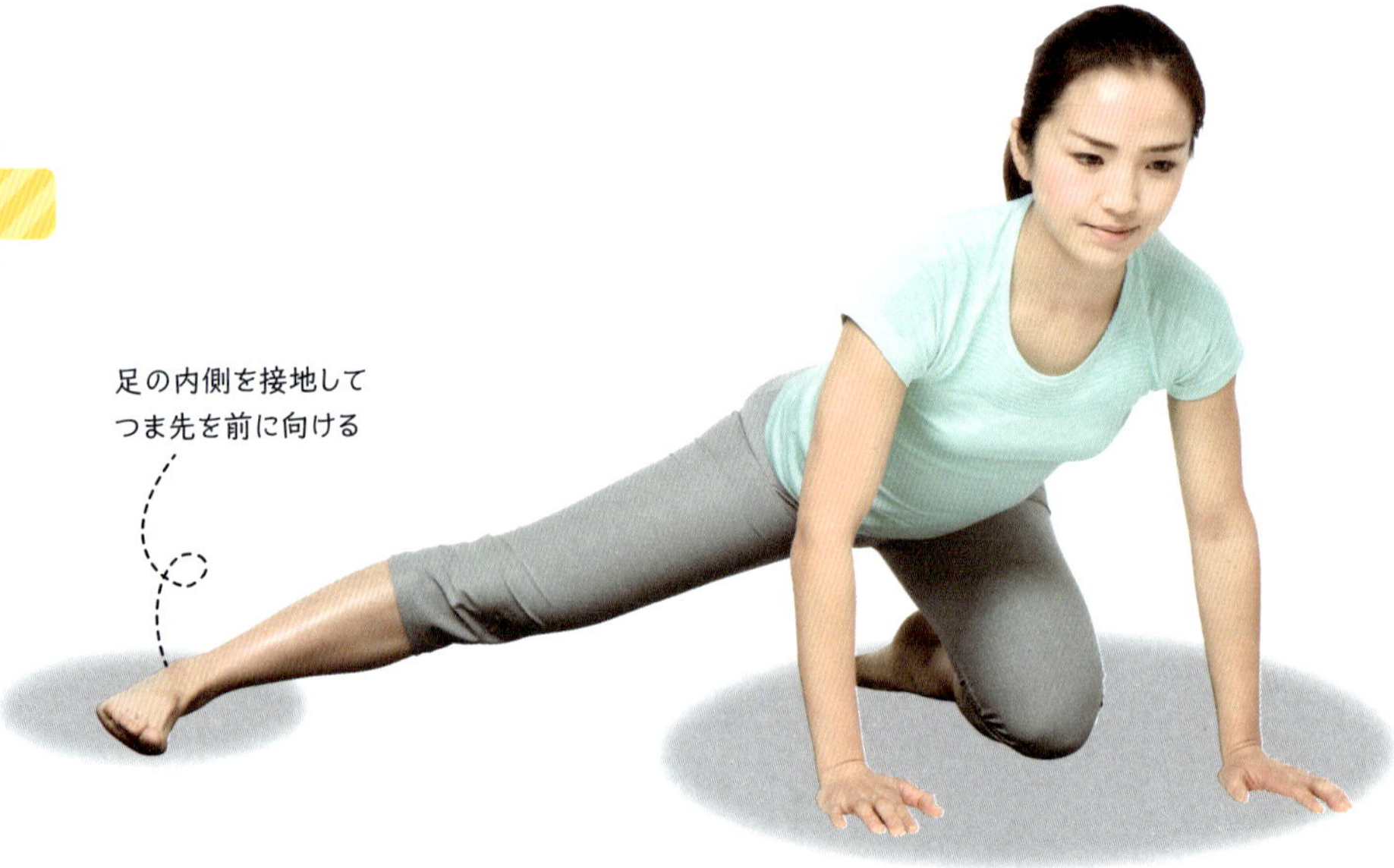
足の内側を接地して
つま先を前に向ける

## 1 四つん這いで片脚を真横に開く

四つん這いになり、片脚を真横に開いて真っすぐ伸ばす。伸ばした脚はつま先を前方に向ける。

## 片脚を真横に開いて内転筋群を伸ばす

伸ばした脚を真横に開く動き（股関節外転）で内転筋群を伸ばすストレッチ。四つん這いで行なうことにより安定した状態で脱力できる。お尻と骨盤の重みがダイレクトに脚を開く負荷となるため、内転筋群を伸ばす感覚がつかみやすい。

NG

真横に開いた脚のつま先を上に向けてしまうと、太腿裏を伸ばす動きになるのでNG。

**自重ベクトル**

**上体を沈めて股関節に体重を乗せることで、お尻と骨盤の重みがダイレクトに太腿を真横に開いて内転筋群を伸ばす負荷となる。**

内くるぶしが
接地するように
脚を開いていく

### 2 上体を沈めて股関節に体重を乗せる

開いた脚を伸ばしたまま、両腕の肘先を付いて上体を沈め、股関節に体重を乗せる。その状態で脱力してゆっくり息を吐く。

# 内もも（股関節寄り）の自重ストレッチ

**お尻と骨盤の重みで両脚を外側に開く**

目標
**30秒**

Target

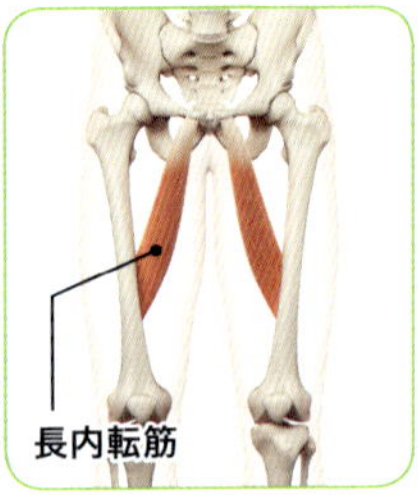
長内転筋

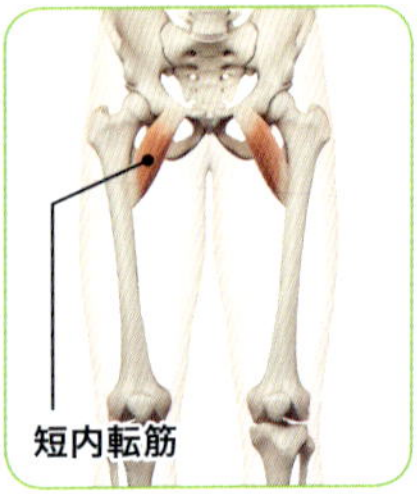
短内転筋

床が硬い場合は
タオルなどを敷く

**1　四つん這いで両脚を開く**

四つん這いになり、両脚をできるだけ外側に開く。
両腕を伸ばして上体を支え、背すじを伸ばす。

## 膝を付いて両脚を開き内転筋群を伸ばす

膝を曲げて両脚を開く動き（股関節外転）で、股関節のみをまたぐ長内転筋・短内転筋を中心に伸ばし、開脚（股関節外転）の可動域を広げる。脚を伸ばして行なう内もものストレッチと並行して行なうと内転筋群をより全体的に伸ばせる。

NG

お尻の位置が膝より後方にあると内転筋群がしっかり伸びない。お尻は膝より前方の位置まで出す。

両腕は力まず
突っ張り棒の
ように伸ばし
上体を脱力する

**自重ベクトル**

**お尻を前方に動かして股関節に体重を乗せることで、お尻と骨盤の重みが太腿を外側に開いて内転筋群を伸ばす負荷となる。**

### 2 お尻を前方に動かして重心を下げる

両脚を開いたままお尻を前方に動かし、体重を股関節に乗せる。その状態で脱力してゆっくり息を吐く。

LEVEL UP!

# 内もも（太腿裏寄り）の自重ストレッチ

## 上体の重みで四股を踏むように股を割る

目標
**30秒**

✔ Target

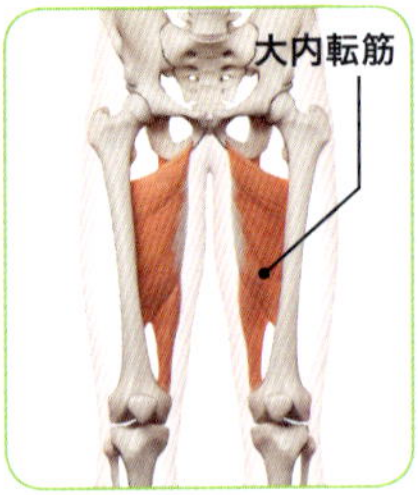

### 1 脚を肩幅より広く開いて立つ

脚を肩幅より広く開いて立ち、膝を軽く曲げて
ガニ股の状態にする。そこから背すじを伸ばす。

## 両脚をガニ股に開き 大内転筋を中心に伸ばす

脚をガニ股に開いた状態で腰を落とし、内転筋群の中でも太腿裏寄りを通る大内転筋を中心に伸ばす。動きとしては相撲の四股《しこ》とほぼ同じ。開脚するだけでは伸ばせない部分なので、この種目も取り入れて太腿内側の柔軟性を高めよう。

POINT

できるだけ上体を前方に倒さず、起こした状態でお尻を沈めると大内転筋が伸びやすい。写真のように両手を脚の付け根におくと上体を起こしやすくなるが、脱力が難しくなる。

**自重ベクトル**

**腰を深く下ろして股関節に体重を乗せることにより、上体の重みが太腿を外側に開いて大内転筋を伸ばす負荷となる。**

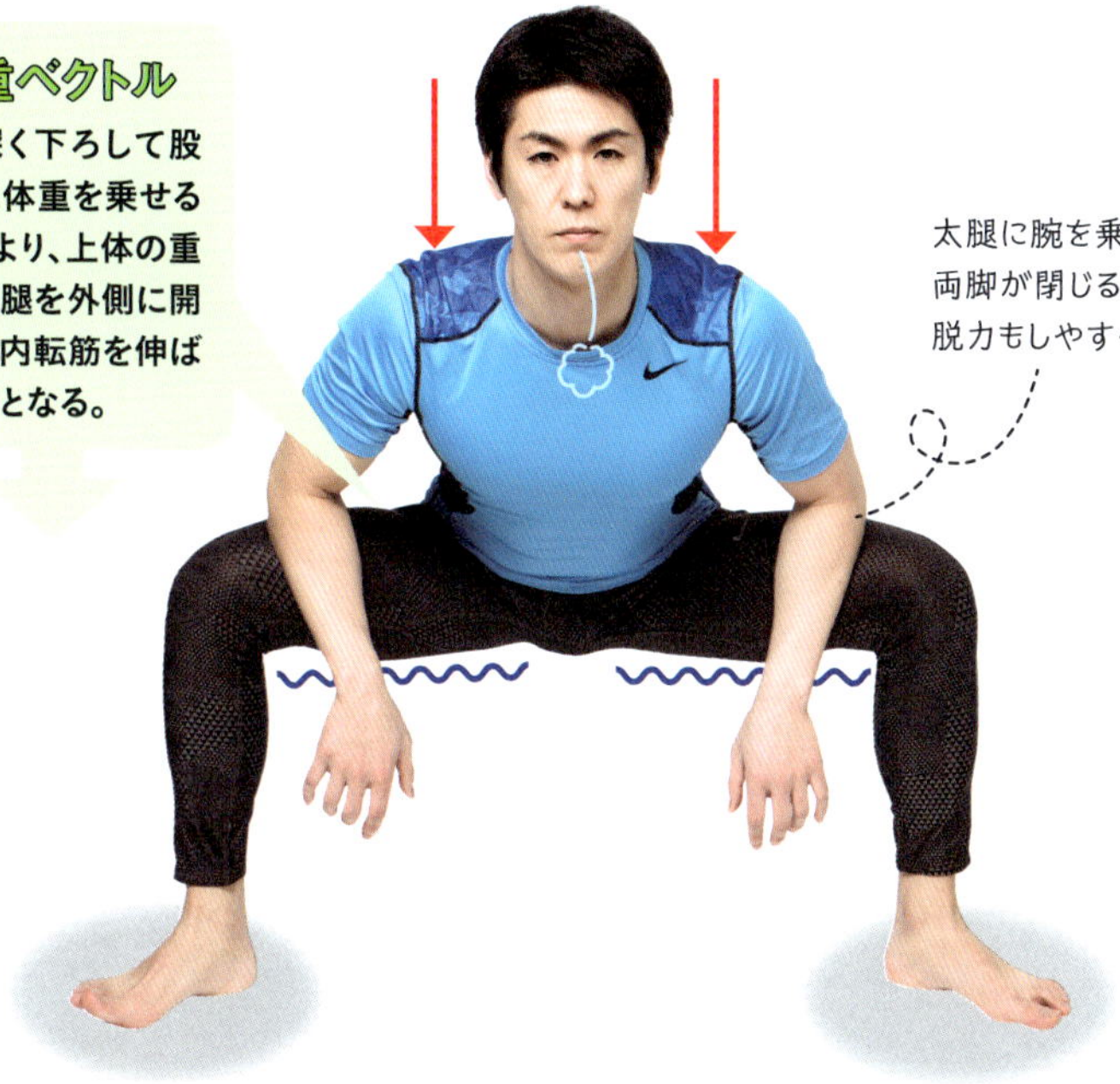
太腿に腕を乗せることで
両脚が閉じる動きを防ぎ
脱力もしやすくなる

### 2 腰を深く下ろして重心を下げる

つま先を外側に向けたまま、四股を踏むように腰を深く下ろし、重心を真下に下げる。その状態で脱力してゆっくり息を吐く。

# 太ももの外側を伸ばす
# 自重ストレッチ

## 脚の重みで太腿を内方向にひねる

目標
左右各
**30秒**

✓ Target

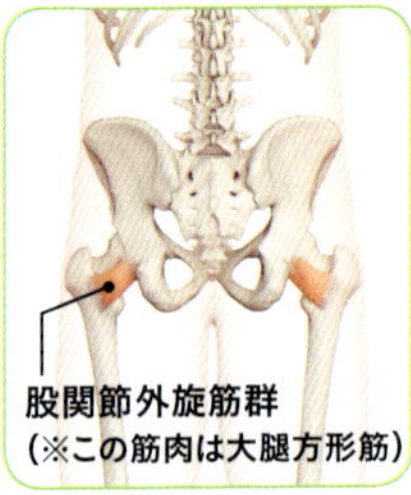
股関節外旋筋群
(※この筋肉は大腿方形筋)

足首付近を
膝の外側に
引っ掛ける
体の正面より外側で
足の内側を接地させる

### 1 座った状態で脚を組む

座った状態で片足を体の正面より外側の位置におく。
そこからもう片方の脚の足先を引っ掛けて脚を組む。

## 股関節を内方向にひねり 股関節外旋筋群を伸ばす

股関節を内方向にひねる動き(内旋)の可動域を広げるストレッチ。脚を付け根から内方向にひねる動きによって、股関節深部で骨盤と太腿の大腿骨をつないでいる大腿《だいたいほうけいきん》方形筋などの外旋筋群を伸ばす。骨盤のゆがみを予防・改善する効果も。

### バリエーション

仰向けに寝た状態で行なうバリエーション。股関節をひねる強度はやや下がるものの脱力しやすい。

**自重ベクトル**

**引っ掛けた足の重みを使って脚を内側に倒すことで、股関節が内方向にひねられて股関節外旋筋群が伸びる。**

脚をひねる時にお尻が床から浮かないように注意する

## 2 脚を付け根からひねって内側に倒す

床に付いているほうの脚を、付け根から内側にひねって可能なところまで倒す。その状態で脱力してゆっくり息を吐く。

# お尻の側部を伸ばす 自重ストレッチ

上体の重みで太腿を外方向にひねる

目標
左右各
30秒

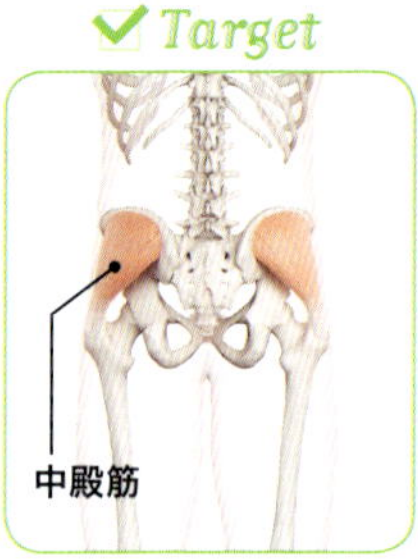
Target
中殿筋

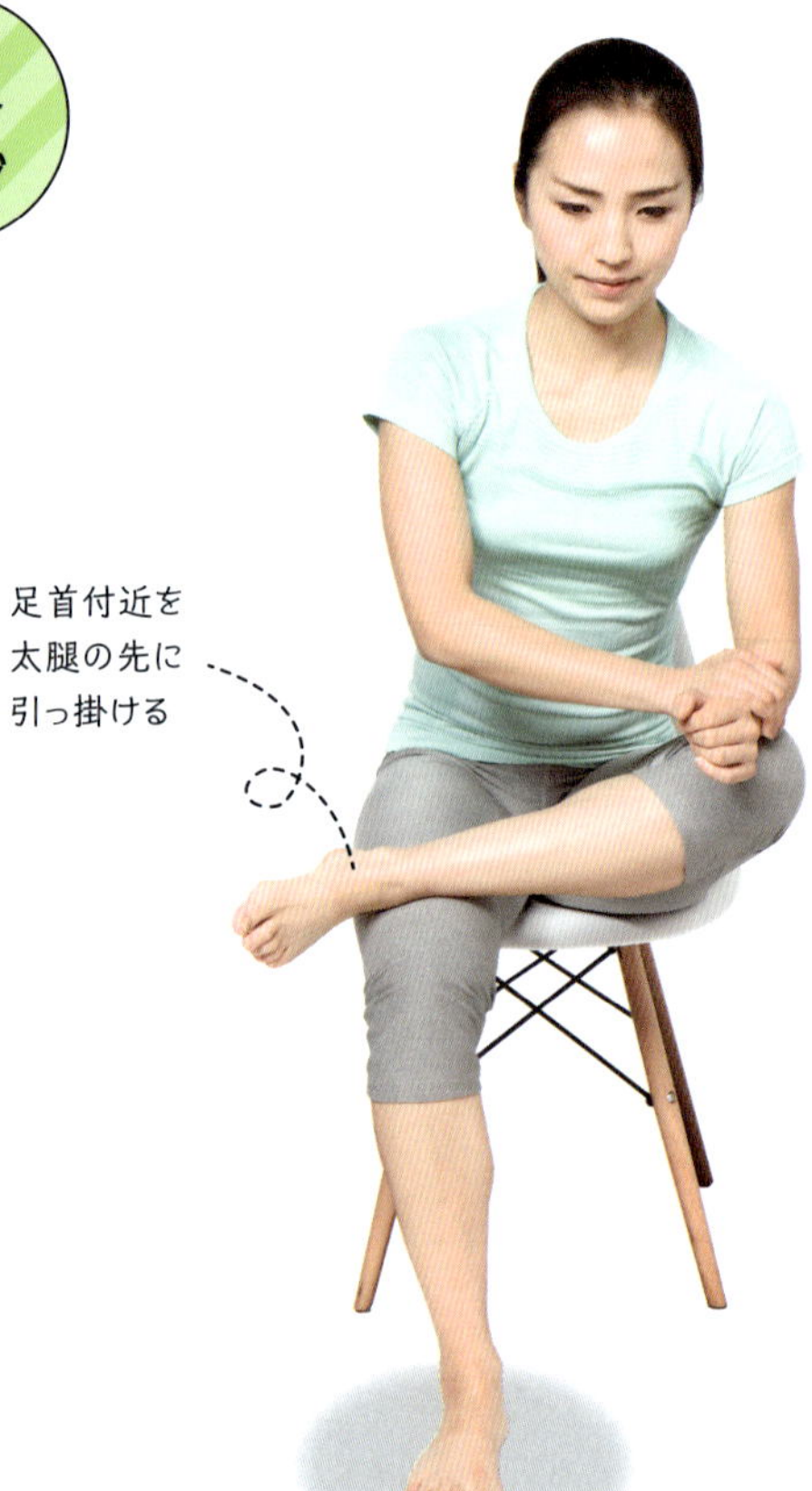
足首付近を
太腿の先に
引っ掛ける

## 1 イスに座って脚を組む

イスに座って脚を組む。そこから組んだ脚の膝の内側に前腕部をおき、もう片方の手で押さえて固定する。

## 股関節を外方向にひねり お尻側部の中殿筋を伸展

股関節を外方向にひねる動き（外旋）の可動域を広げるストレッチ。脚を付け根から外方向にひねり、お尻側部にある中殿筋《ちゅうでんきん》を伸ばす。大殿筋も一緒に伸ばせる太腿を内側に振る動き（股関節内転）の可動域を広げる効果もある。

NG

体重を乗せず、腕の力で押して股関節をひねる動きになると、上体に力が入って脱力できない。

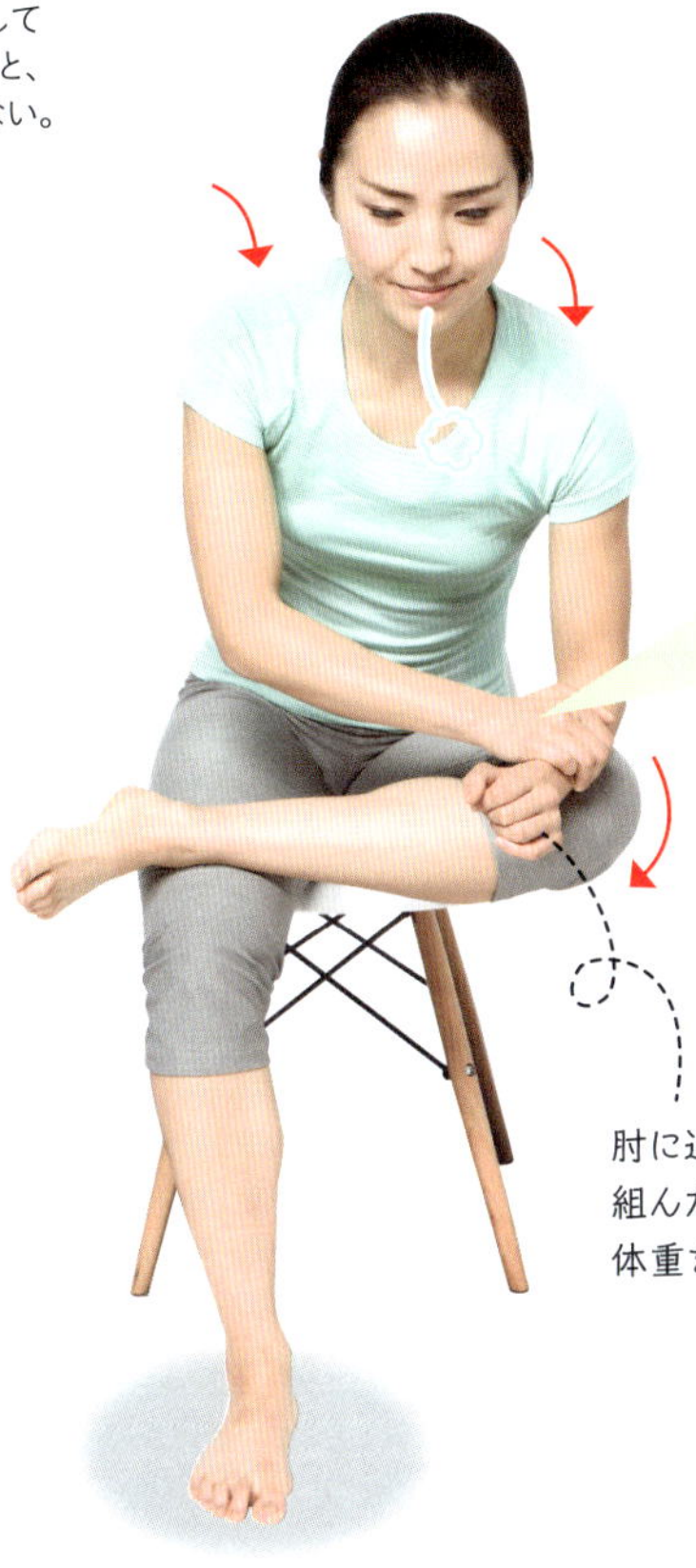
肘に近い前腕部を
組んだ脚において
体重を乗せていく

**自重ベクトル**

**組んだ脚に体重をしっかり乗せることで、上体の重みが太腿を外方向にひねる負荷となり、中殿筋が伸びる。**

### 2 組んだ脚を付け根から外側にひねる

組んだ脚に両手を通して体重を乗せ、付け根から外側にひねる。その状態で脱力してゆっくり息を吐く。

Column

# 開脚ストレッチは お尻を高くする

お尻の位置を高くすると骨盤が前傾するため、内転筋群のストレッチ強度が弱くなる。さらに、カカトが沈み込む布団やマットレスの上で行なうと、よりリラックスした状態で開脚ストレッチが実践できる。

## お尻の位置を高くすれば自重を使って開脚できる

体が硬い人にとって、べターッと開脚できるようになることは大きな目標。本書で紹介している太腿内側の自重ストレッチ（P78〜85）を継続して行なえば、それも十分達成可能な目標となります。

開脚のストレッチは、太腿内側の柔軟性を高めてから始めるのが効果的。さらに、従来のフォームにアレンジを加えると、自重を使って伸ばせます。

その方法とは、お尻の下にクッションや座布団を敷くだけ。お尻の位置を高くすることで、上体の重みを使って、脱力しながら上体を倒すことができます。

第4章

# 脚の自重ストレッチ

疲労が溜まりやすい太腿前面や太腿裏、ふくらはぎの大きな筋肉を、
自重の負荷を使うことによって脱力したまましっかり伸ばします。

# 膝関節の筋肉と柔軟性

体重を乗せて膝を曲げる大腿四頭筋の自重ストレッチ。膝関節のみをまたいでいる広筋群（中間広筋、外側広筋、内側広筋）を中心に伸ばす。

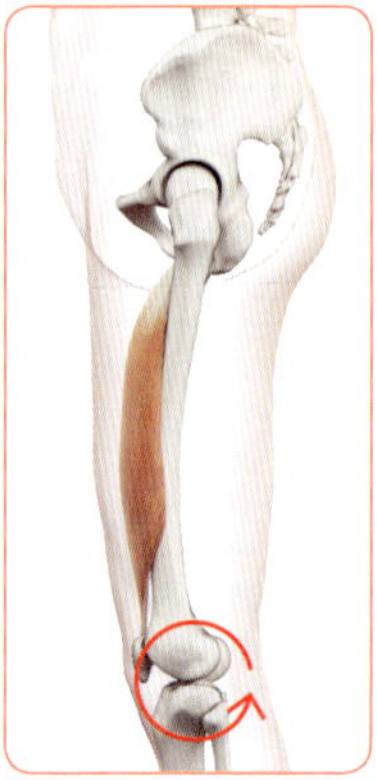

※この図は中間広筋

### 広筋群（大腿四頭筋）

大腿四頭筋の中でも広筋群はそれぞれ膝関節のみをまたぎ、大腿骨前面と脛骨前面をつないでいる単関節筋。柔軟性を高めることで、膝を曲げる動きがスムーズになる。

膝を曲げながら上体を後方に倒す大腿四頭筋の自重ストレッチ。上体を後方に倒すことで股関節伸展の動きが加わるため、股関節と膝関節をまたぐ二関節筋である大腿直筋がしっかり伸びる。

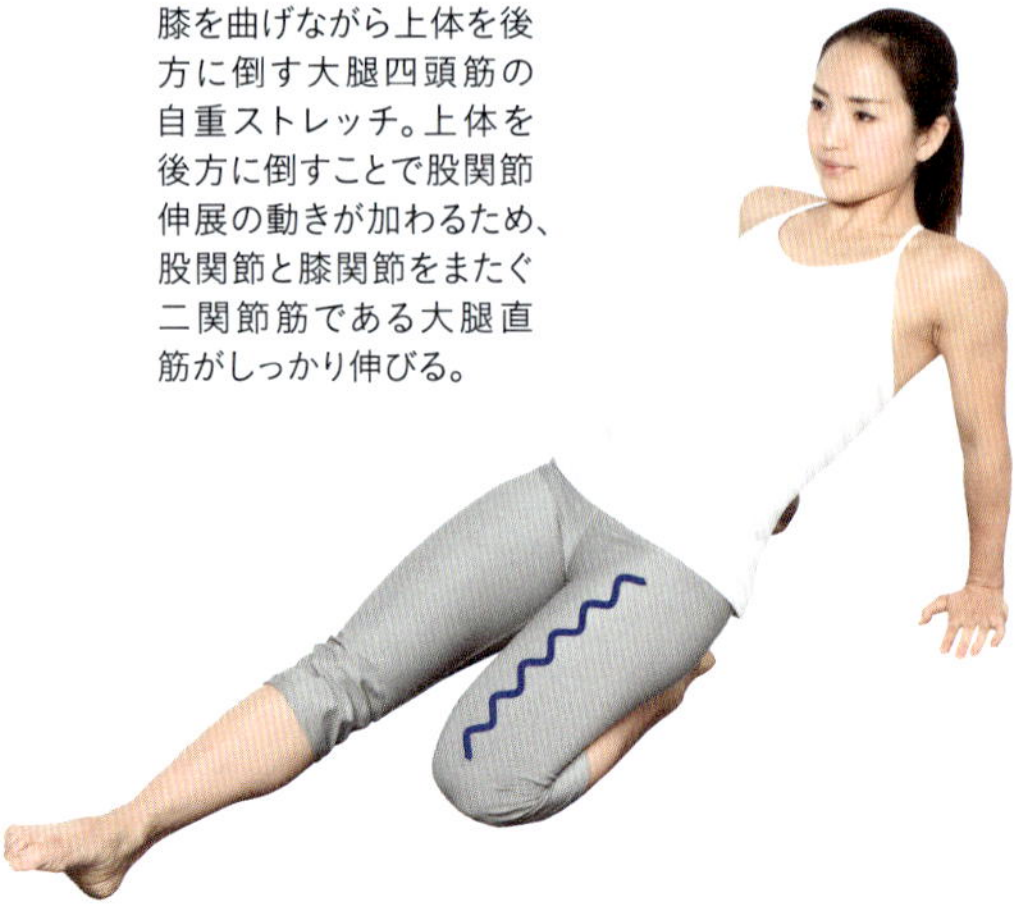

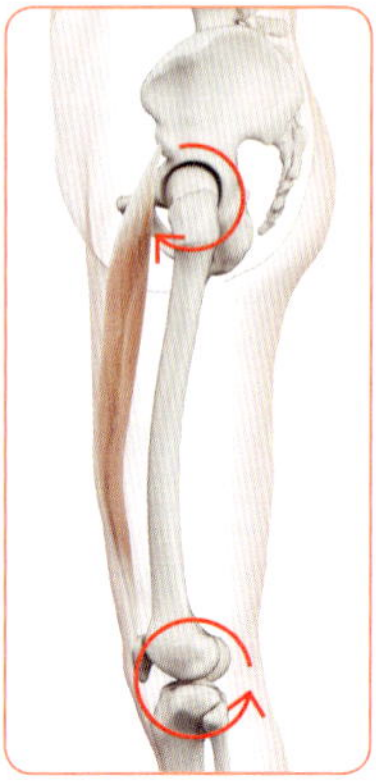

### 大腿直筋（大腿四頭筋）

大腿直筋は、股関節と膝関節をまたぎ、骨盤前面と下腿の脛骨前面をつないでいる二関節筋。柔軟性を高めることで、膝を曲げる動きと太腿を後方に振る動き（股関節伸展）の可動域が広がる。

**脚**の関節には、膝関節と足関節（足首）があります。柔軟性に差が出やすいのは太腿前面と太腿裏の筋肉。

膝関節を動かす太腿の筋肉は、股関節と膝関節をまたぐ二関節筋が含まれるため、硬くなると膝関節だけでなく、股関節の可動域も低下してしまいます。

膝を伸ばす動きに働く太腿前面の大腿《だいたい》四《し》頭筋《とうきん》は、二関節筋を含む4つの筋肉の複合筋であり、硬くなると膝を伸ばす動きとともに、太腿を後方に振る動き（股関節伸展）も妨げられます。

## 二関節筋で構成される太腿裏のハムストリング

太腿裏のハムストリングは、3つの二関節筋で構成される複合筋であり、硬くなると膝を伸ばす動きとともに、太腿を前方に振る動き（股関節屈曲）も妨げられてしまいます。

さらに、ハムストリングが硬くなると骨盤が前傾しにくくなるため、脊柱のゆがみや腰痛にもつながるリスクがあります。

**大腿四頭筋（太腿前面）**

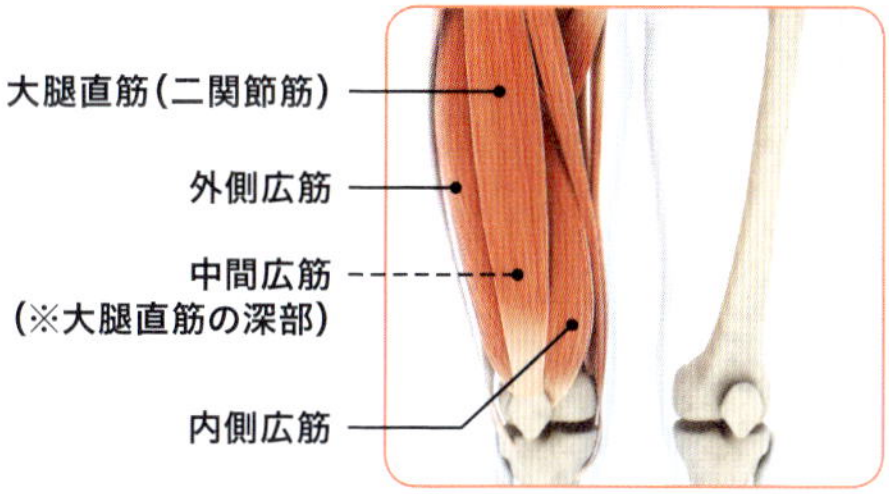
大腿直筋（二関節筋）
外側広筋
中間広筋
（※大腿直筋の深部）
内側広筋

**ハムストリング（太腿裏）**

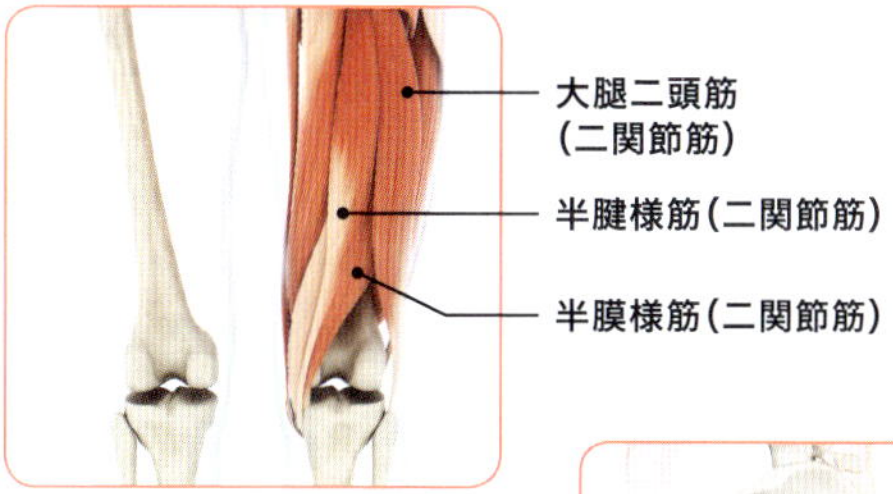
大腿二頭筋
（二関節筋）
半腱様筋（二関節筋）
半膜様筋（二関節筋）

膝を伸ばしながら上体を前方に倒すハムストリングの自重ストレッチ。股関節と膝関節を連動させて二関節筋のハムストリングを両端からしっかり伸ばす。

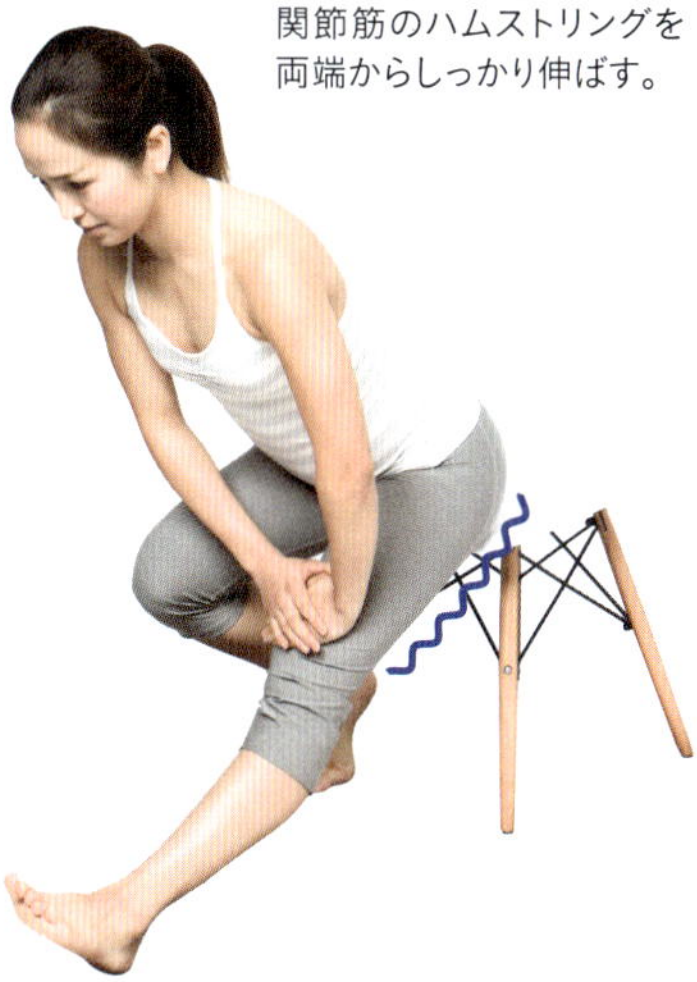

**ハムストリング**

ハムストリングの筋肉はすべて、太腿裏を通って股関節と膝関節をまたぎ、骨盤下部と下腿の脛骨および腓骨をつないでいる二関節筋。柔軟性を高めることで、膝を伸ばす動きと太腿を前方に振る動き（股関節屈曲）の可動域が広がる。

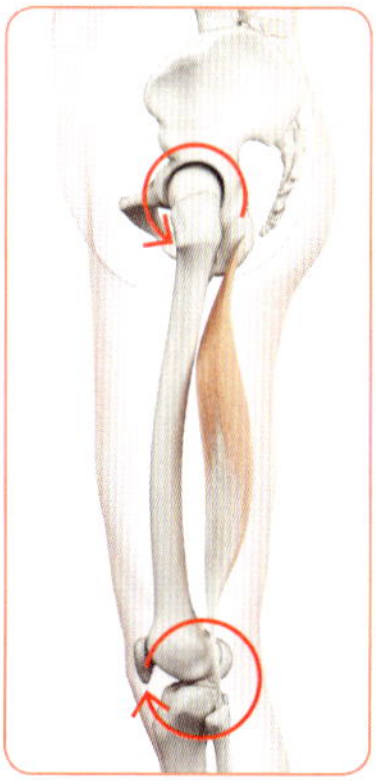

※この図は大腿二頭筋

# 太もも前面を伸ばす自重ストレッチ

## 上体の重みで膝を深く曲げた状態で固定

目標
左右各
**30秒**

Target

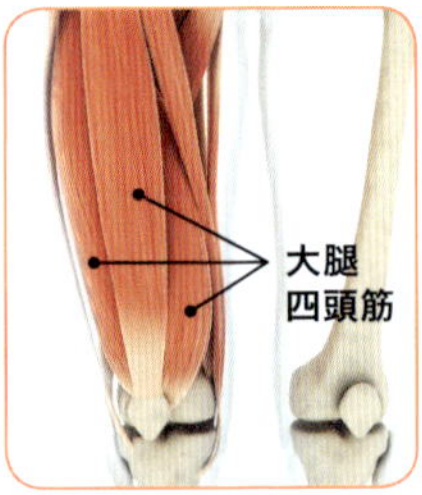

膝下部分はスネから
足甲まで接地させる

**1 片脚だけ正座した状態で座る**

片脚だけ正座した状態で座り、もう片方の脚を前方に伸ばす。そこから両手を付いてバランスを取る。

## 膝関節と股関節を連動し大腿四頭筋を伸ばす

膝を曲げたまま上体を後方へ倒す動きで太腿前面の大腿四頭筋を伸ばすストレッチ。膝関節と股関節を連動させることにより、太腿前面で膝関節をまたぐ広筋群と、骨盤から股関節と膝関節をまたぐ二関節筋の大《だい》腿直筋《たいちょっきん》を同時に伸ばせる。

骨盤が傾いてお尻が浮き上がると、太腿前面がしっかり伸ばせなくなるのでNG。

**自重ベクトル**

**上体の重みによって膝関節を深く曲げた状態で固定できるため、上体を後方に倒す股関節伸展の動きだけで大腿四頭筋が伸ばされる。**

手を付く位置によって上体を倒す角度を変え伸ばす強度を調節する

### 2 上体を後方に倒す

お尻の下の足先に体重を乗せながら、上体を後方に倒す。その状態で脱力してゆっくり息を吐く。

LEVEL UP!

# 太もも前面を伸ばす自重ストレッチ2

上体の重みで両膝を深く曲げた状態で固定

目標
**30秒**

Target

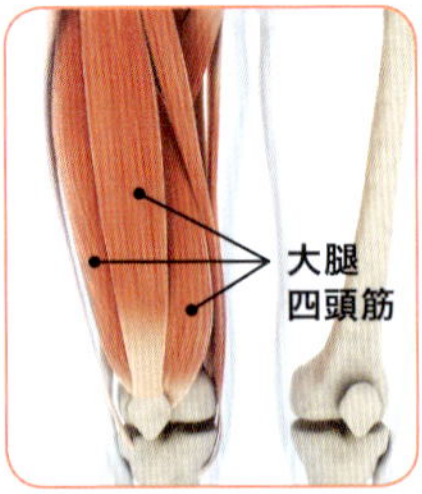

膝下部分はスネから
足甲まで接地させる

**1** **正座の状態で座る**

正座の状態で座り、お尻を足先に乗せる。
そこから両手を付いてバランスを取る。

## 正座した状態から大腿四頭筋を伸ばす

両膝を曲げたまま上体を後方へ倒す動きで大腿四頭筋を伸ばすストレッチ。両脚で行なうと股関節が固定されるため、より強く伸ばせる。膝関節を曲げたまま股関節を伸展させることで大腿四頭筋全体をしっかり伸ばすことができる。

NG

膝下が太腿より外側に出ると太腿前面が伸びず、靭帯を痛めてしまうのでNG。

**自重ベクトル**

上体の重みによって膝を深く曲げた状態で固定できるため、上体を後方に倒す動きだけで太腿前面が伸びる。

両手を付いて
上体を真後ろに
倒していく

### 2 上体を後方に倒す

お尻の下の足先に体重を乗せながら、上体を後方に倒す。
その状態で脱力してゆっくり息を吐く。

# 太もも裏を伸ばす
# 自重ストレッチ

**膝を伸ばしたまま上体の重みで前屈する**

**目標**
**左右各**
**30秒**

✓ *Target*

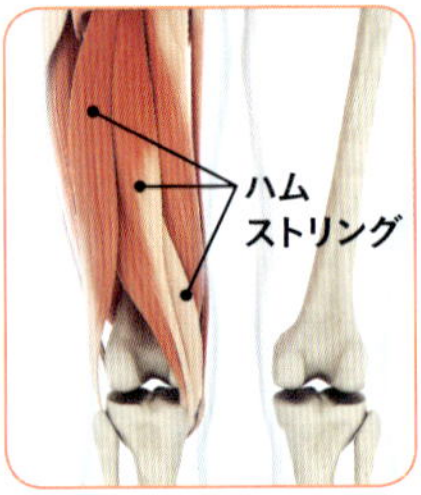
ハム
ストリング

足先はカカトを付き
つま先を上に向ける

## 1 イスに座って片脚を伸ばす

イスにやや浅く座って片脚を前方へ伸ばし、
背すじを伸ばす。手は太腿の下部におく。

### 膝関節と股関節を連動しハムストリングを伸ばす

膝を伸ばしたまま上体を前方へ倒す動きで太腿裏のハムストリングを伸ばす。太腿を前方に振る動き（股関節屈曲）の可動域を広げるストレッチ。太腿裏で股関節と膝関節をまたぐ二関節筋のハムストリングを両端からしっかり伸ばせる。

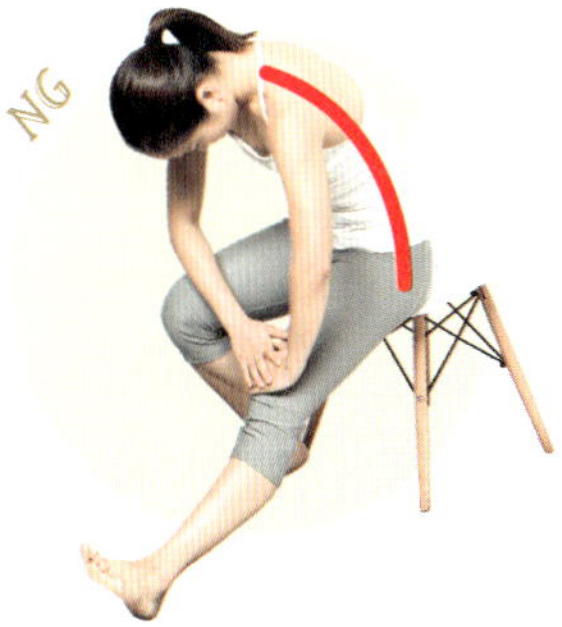


上体が丸まると股関節の屈曲が小さくなるため、太腿裏をしっかり伸ばせない。

**自重ベクトル**

**上体の重みが股関節を屈曲する負荷になるとともに、両手を通して膝関節を伸ばす負荷としても働くため、太腿裏のハムストリングを両端からしっかり伸ばせる。**

## 2 脚の付け根から上体を前方に倒す

伸ばしている脚の太腿下部で両手を重ね、背すじを伸ばしたまま、脚の付け根から上体を前方に倒す。その状態で脱力して息を吐く。

LEVEL UP!

# 太もも裏を伸ばす 自重ストレッチ2

上体と腕の重みで脚の付け根から前屈する

目標
30秒

Target

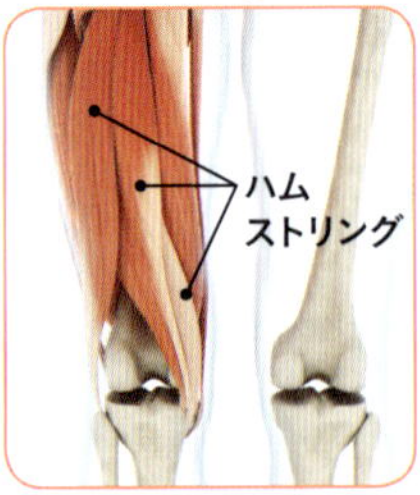

片手を机や台に
おいて行なうと
体勢が安定し
腰にもやさしい

### 1 机に片手をおいて背すじを伸ばす

脚を腰幅程度に開いて立ち、机または台に片手をおく。そこから背すじを伸ばす。

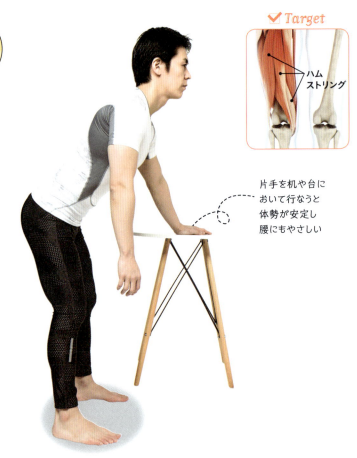

## 立ったまま前屈して ハムストリングを伸ばす

立ったまま膝を伸ばした状態で、股関節から上体を前方に倒し、太腿裏のハムストリングを伸ばす。適度な強度で力まずストレッチできる。膝を曲げた状態で行なうバリエーション種目も並行して行なうと、太腿裏をより全体的に伸ばせる。

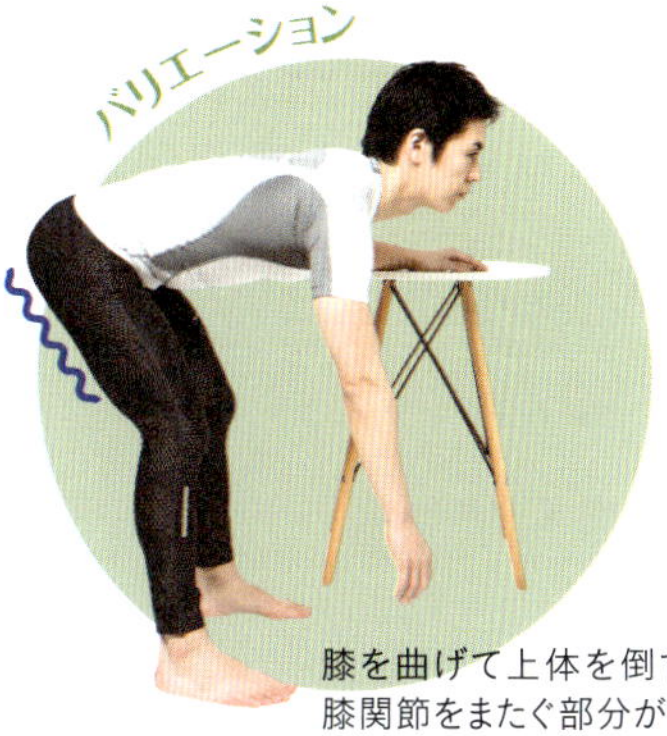
バリエーション

膝を曲げて上体を倒すと、膝関節をまたぐ部分が緩むため、太腿裏でも股関節に近い部分を中心に伸ばせる。

**自重ベクトル**

**脚の付け根から前屈することで、上体と腕の重みが股関節を力まず屈曲させて太腿裏を伸ばす負荷となる。**

腕は脱力して
垂れ下がった状態

### 2 膝を伸ばして上体を前方に倒す

両膝を伸ばし、脚の付け根から背すじを伸ばしたまま上体を前方に倒す。その状態で脱力してゆっくり息を吐く。

# ふくらはぎの
# 自重ストレッチ

**壁を押した反発力でカカトを床に押し付ける**

目標
左右各
**30秒**

Target

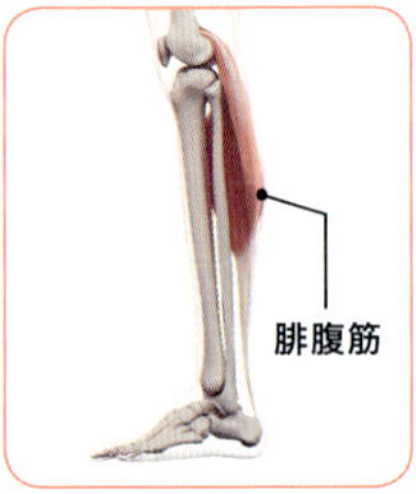


## 1 脚を前後に開いて壁に両手を付く

脚を前後に開き、壁に軽く寄りかかるように両手を付く。
そこから後ろ脚の膝を伸ばしてカカトを接地させる。

## 膝と足首を連動させて腓腹筋を両端から伸ばす

膝を伸ばしたまま足首を曲げる動き（背屈《はいくつ》）で腓《ひ》腹《ふく》筋《きん》を伸ばすストレッチ。腓腹筋は膝関節と足関節（足首）をまたぎ、太腿の大腿骨とカカトの踵骨《しょうこつ》をつないでいる二関節筋。こむら返りはこの筋肉が原因なので日頃から伸ばしておこう。

NG

壁に体重を掛けた時、伸ばす脚のカカトが浮いてしまうと腓腹筋が伸びない。

### 自重ベクトル

両腕と後ろ脚を伸ばして壁に体重を掛けることで、壁からの反発力が後ろ脚のカカトまで伝わり、足首を曲げてふくらはぎを伸ばす負荷となる。

足首から体を前方に倒すことでふくらはぎがより強く伸ばせる
カカトを接地させたまま足首を曲げる

### 2 壁に体重を掛けて足首を曲げる

後ろ脚の膝を伸ばしたまま、壁に体重を掛けた反発力を使ってカカトを床に押し付ける。その状態で脱力してゆっくり息を吐く。

LEVEL UP!

# ふくらはぎの自重ストレッチ2

全体重を掛けて足首を深く曲げる

目標
左右各
30秒

Target

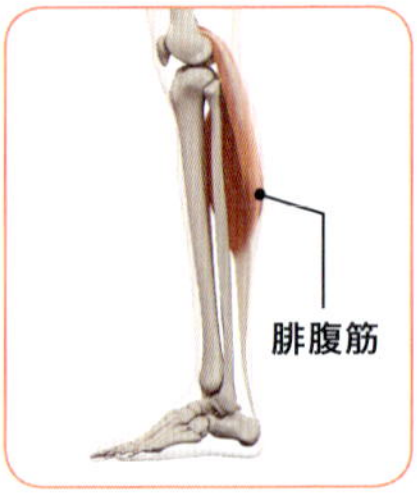
腓腹筋

台はカカトを下げる
高さがあればOK

**1 台に片脚の足先を乗せる**

壁際に台をおいて、片足の土踏まずより前部を乗せる。両手は壁に付き、膝を伸ばして立つ。

## 立ったまま段差を使って腓腹筋を強く伸ばす

立ったまま段差を使ってカカトを下げる動きで足首を深く曲げる（背屈する）。全体重を掛けて腓腹筋を強く伸ばせる。壁に両手を付くことで脱力しやすくなる。足を乗せる台が高すぎると足元が不安定で脱力しにくくなるので注意。

バリエーション

両脚で行なうバリエーション。伸ばす強度は下がるものの、短時間で両脚を伸ばすことができる。

膝を伸ばしたまま
カカトを下げる

**自重ベクトル**

**膝を伸ばしたまま足首を脱力することで、全体重がカカトを下げてふくらはぎの腓腹筋を伸ばす負荷となる。**

### 2 足首に全体重を掛けてカカトを下げる

膝を伸ばしたまま足首に全体重を掛けてカカトを深く下ろす。その状態でゆっくり息を吐く。

# ふくらはぎ下部の自重ストレッチ

## 上体の重みで足首を曲げる

**足首を深く曲げる動きでヒラメ筋を伸ばす**

膝を曲げた状態で足首を曲げる（背屈する）ヒラメ筋のストレッチ。ヒラメ筋は腓腹筋の深部にあり、足関節（足首）のみをまたぐ筋肉。膝を曲げることで二関節筋の腓腹筋が緩むため、ふくらはぎ下部のヒラメ筋を集中的に伸ばせる。

Target

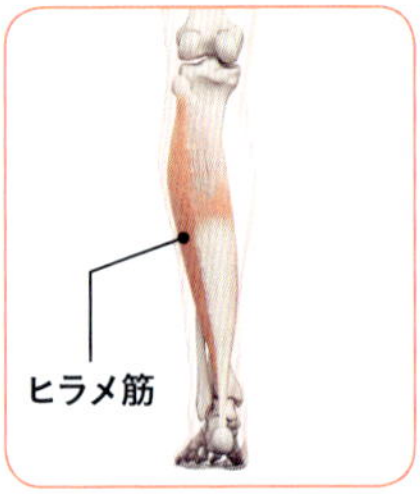

**自重ベクトル**

体と脚を密着させることで、上体の重みがそのまま膝下を前方に倒してヒラメ筋を伸ばす負荷となる。

両腕で脚を抱え上体と伸ばす脚を密着させて一体に

カカトが床から離れないようにする

**上体を前方に倒して足首を曲げる**

しゃがんで片膝を付き、もう片方の脚を抱え込む。そこから上体ごと膝下を前方に倒して足首を曲げる。その状態でゆっくり息を吐く。

目標 左右各 30秒

第5章

# 肩・腕・肩甲骨の自重ストレッチ

肩関節の土台である肩甲骨から肩、肘、手関節（手首）、
手指まで、腕の動きに関わる筋肉を自重で伸ばします。

# 肩まわりの筋肉と柔軟性

### 僧帽筋

背中の中央から上背部に広がる筋肉。頭部と鎖骨をつないでいる上部は、主に腕を高く上げる動きに働く。脊柱（背骨）と肩甲骨をつないでいる中部および下部は、主に左右の肩甲骨を寄せる動きに働く。

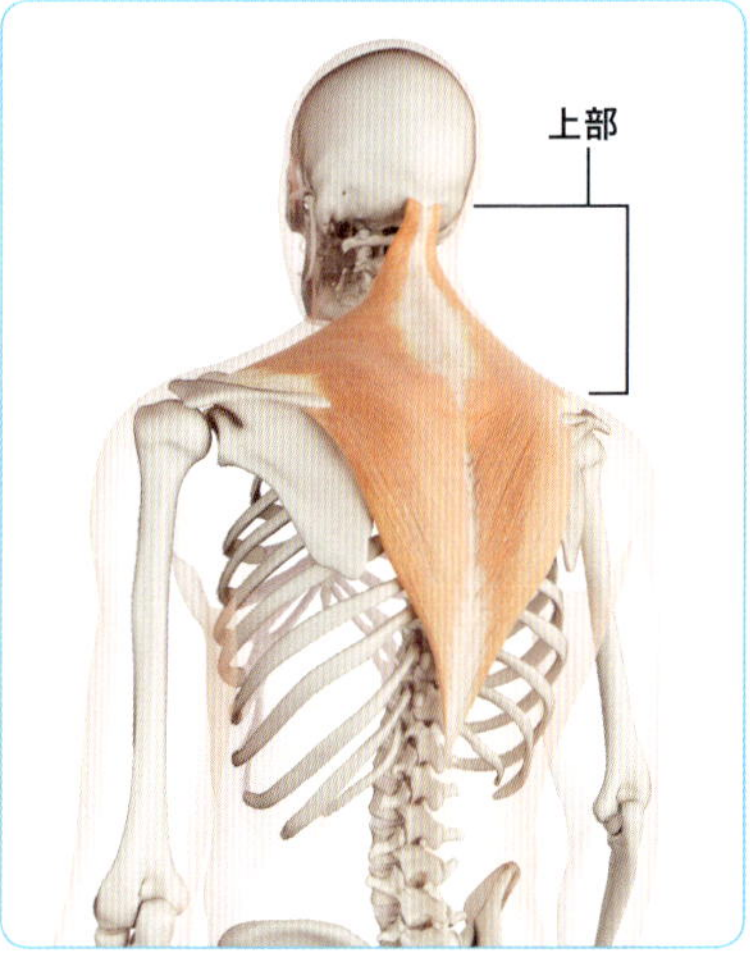

### 僧帽筋（上部）の自重ストレッチ

イスをつかんだまま首を横に曲げ、頭部と鎖骨を遠ざけて僧帽筋の上部を伸ばす。上部が硬くなると肩コリの原因にもなる。

### 僧帽筋（中部～下部）の自重ストレッチ

背中を丸めながら肩甲骨を開き、脊柱と肩甲骨を遠ざけて伸ばす。僧帽筋の中部～下部が硬くなると肩甲骨の動きが悪くなる。

上半身にも背中や肩に大きな筋肉があり、そのほとんどが肩関節の動きに関わります。背中の僧帽筋《そうぼうきん》も、肩関節を直接動かす働きはないものの、肩関節の土台である肩甲骨を動かす働きをもっています。

肩関節や肩甲骨は多方向に可動するため、動かす方向で伸ばせる筋肉が変わってきます。

肩を覆っている三角筋《さんかくきん》や肩甲骨に付着している僧帽筋、背中の中部〜下部に広がる広背筋《こうはいきん》などは、同じ筋肉でも部位によって異なる動きに働くため、柔軟性を高めるには複数のストレッチ種目を行なう必要があります。

また、肩甲骨は意識して動かすことが難しいため、第6章の「肩甲骨ドリル」（→P144〜150）も実践して、動かす感覚を身に付けましょう。

## 肩関節と肘関節をまたぐ上腕部の筋肉

肘関節を動かす上腕部の筋肉も、前面の上腕二頭筋《じょうわんにとうきん》、後面の上腕三頭筋《じょうわんさんとうきん》とも、肩関節と肘関節をまたぎ、肩甲骨と前腕部の尺骨《しゃっこつ》および橈骨《とうこつ》をつないでいる二関節筋であるため、肘だけでなく肩の動きにも関与します。

**三角筋**

肩関節を覆っている筋肉で、肩甲骨および鎖骨と腕の骨（上腕骨）をつないでいる。前部は腕を前方へ、中部は腕を側方へ、後部は腕を後方へ振る動きにそれぞれ働く。

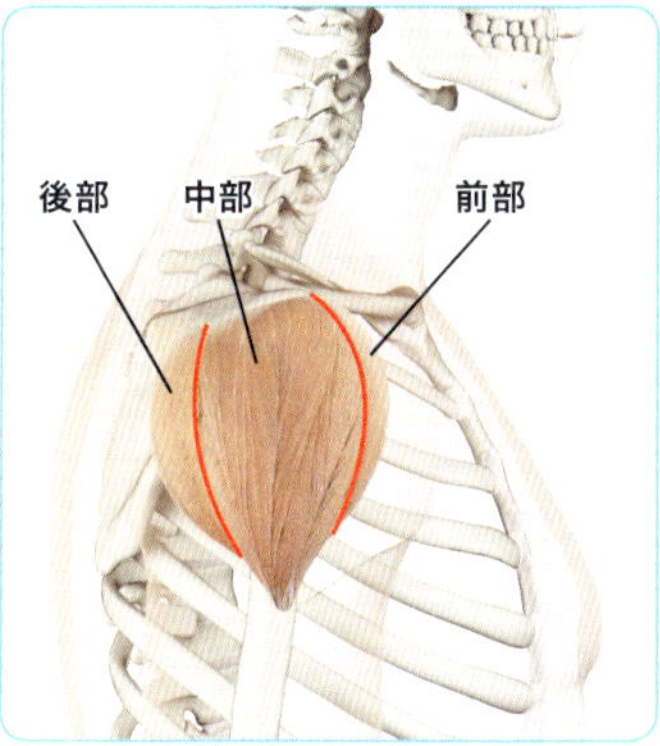

**三角筋（前部）の自重ストレッチ**

腕を後方に振った状態で三角筋の前部を伸ばす。前部が硬くなると腕を後方へ振る動きの可動域が小さくなる。

**三角筋（中部〜後部）の自重ストレッチ**

腕を内側へ折り込んで三角筋の中部〜後部を伸ばす。ここの筋肉が硬くなると腕を内側や下方へ振る動きの可動域が小さくなる。

# 胸を伸ばす
# 自重ストレッチ

**腕の重みで肩を後方へ開く**

目標
左右各
**30秒**

Target

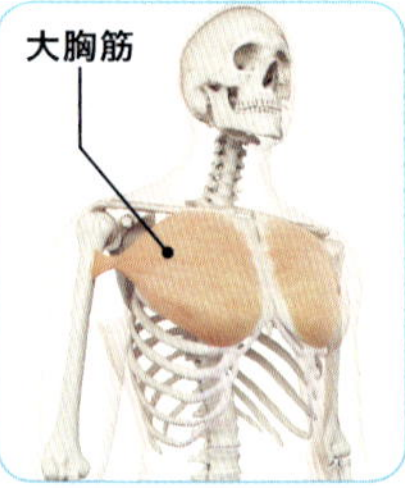

股関節と膝を
90度に曲げて
上体を安定させる

### 1 横向きに寝て両腕を前方へ伸ばす

横向きに寝た状態で両腕を前方へ伸ばし、手の平を合わせる。そこから両脚を曲げてバランスを取る。

## 肩関節を後方へ開いて胸部の大胸筋を伸ばす

肩を後方へ開く動き（水平外転）によって、肩関節で肋骨・鎖骨《さこつ》と腕の骨（上《じょう》腕骨《わんこつ》）をつないでいる大胸《だいきょう》筋《きん》を伸ばす。肩を水平面で開く動きの可動域を広げるストレッチ。胸の筋肉が硬くなると背中が丸まり、猫背になってしまうので注意。

腕を開く方向と顔が逆を向いていると、胸より肩の筋肉が伸ばされるのでNG。

腕を開く方向に顔も向けると大胸筋が伸びる

**自重ベクトル**

**手の平が上を向くように腕を開くことで肩関節がロックされ、腕の重みが胸部を伸ばす負荷となる。**

### 2 上側の肩を大きく後方へ開く

上側の腕を伸ばしたまま肩から大きく後方へ開く。手先が接地しなくてもOK。その状態で脱力してゆっくり息を吐く。

LEVEL UP!

# 胸を伸ばす自重ストレッチ2

## 体重を掛けて肩を後方へ開く

肘が肩と同じ
高さになる
位置に手を付く

✓ Target

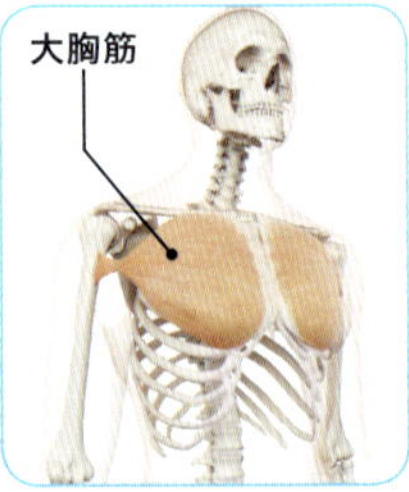


目標
左右各
30秒

### 1 壁の前に横向きで立って片手を付く

壁の前に横を向いて立ち、脚を腰幅程度に開く。
そこから壁に片手を付き、背すじを伸ばす。

## 上体を回して肩を開き胸部の大胸筋を伸ばす

壁を使って大胸筋を伸ばすストレッチ。立ったまま手軽にできる。壁に手を付いたまま上体を回すことで、肩関節を後方へ開き、胸部を伸ばしていく。手を付く位置の高さを変えることで大胸筋の上部や下部を集中的に伸ばすこともできる。

バリエーション
手を付く位置を高くすると、大胸筋の下部が伸びる。逆に低くすると上部が伸びる。

両肩のラインが回転するように上体を回す

**自重ベクトル**

壁に手を付いたまま上体を回すとともに、体全体を軽く前方へ倒すことで、全身の体重が胸の大胸筋を伸ばす負荷となる。

### 2 上体を回して肩を後方に開く

背すじを伸ばしたまま上体を回して、壁に手を付いているほうの肩を後方に開く。その状態で脱力してゆっくり息を吐く。

# 背中を伸ばす
# 自重ストレッチ

**頭部と両腕の重みで肩甲骨を開く**

**目標**
**30秒**

頭から軽く
上体を丸める


Target

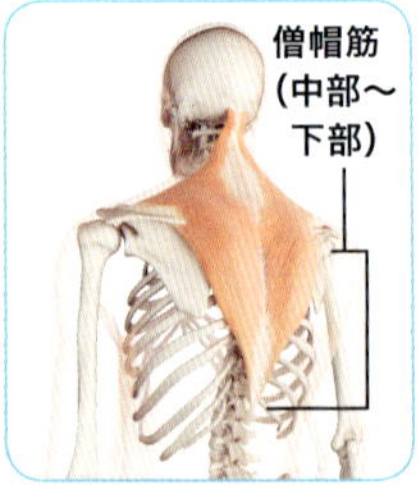

僧帽筋
(中部〜
下部)


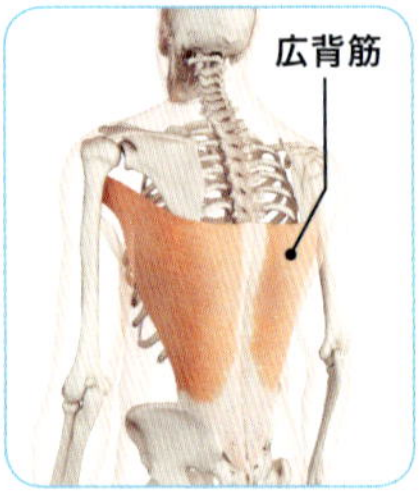

広背筋


## 1 両手を組んで背中を丸める

指を交互に差し込むようにしっかり両手を組み、
頭から軽く背中を丸める。脚は腰幅程度に開く。

## 脊柱と肩甲骨を動かして僧帽筋、広背筋を伸ばす

脊柱（背骨）を丸めながら肩甲骨を開く動きで、肩甲骨と脊柱をつないでいる僧帽筋を伸ばす。広背筋も伸ばせる。この種目では肩甲骨の動きがよくなり、背中のハリなどをほぐす効果も。肩甲骨は背中を丸めることで開きやすくなる。

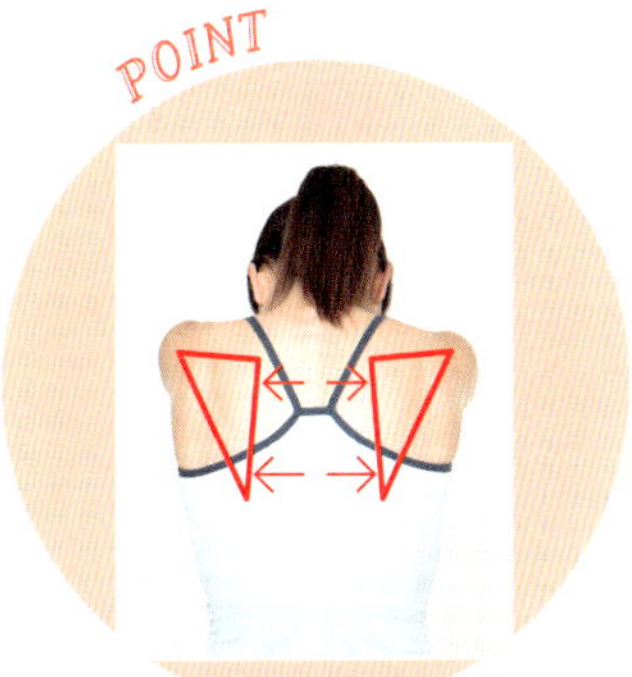


両手を組んだまま腕を伸ばすことで肩甲骨が開き、僧帽筋が伸ばされる。

**自重ベクトル**

**背中を丸めながら腕を伸ばすことで、頭部と両腕の重みが、肩甲骨を開いて背中の筋肉を伸ばす負荷となる。**

指を組んだ両手を下方へ押し出すように腕を伸ばしていく

### 2 両腕を伸ばしながらさらに背中を丸める

両手の指を組んだまま腕を伸ばすとともに、さらに背中を丸めて左右の肩甲骨を開く。その状態で脱力してゆっくり息を吐く。

# 首の付け根を伸ばす
# 自重ストレッチ

**頭部の重みで首の付け根を引き伸ばす**

**目標**
**左右各**
**30秒**

Target

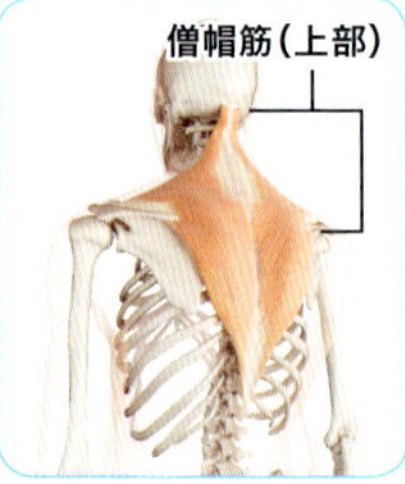

腕を伸ばして
イスの縁をつかみ
首の付け根を伸ばす

## 1 左右の手で側頭部とイスの縁《ふち》をつかむ

イスに座り、片手で頭上越しに側頭部をもつ。
もう片方の手は指先でイスの縁をつかむ。

## 頭部を横に倒す動きで僧帽筋の上部を伸ばす

頚椎（頚部の脊柱）を横に曲げる動きで頭部と鎖骨をつないでいる僧帽筋上部を伸ばす。肩コリの予防・緩和にも効果的。イスをつかむことで鎖骨と肩甲骨が固定されるため、首を横に曲げるだけで僧帽筋上部が両端から引っ張られる。

**バリエーション**

立って行なう場合は、イスをつかむほうの手を背中に回すことによって鎖骨が固定される。

**自重ベクトル**

**首を横に曲げることにより、頭部の重みが首の付け根の僧帽筋上部を伸ばす負荷となる。**

側頭部を強く押さえると脱力しにくくなるので軽くそえる程度で

### 2 イスの縁をつかんだまま頭部を側方に倒す

イスの縁をつかんだまま、頭部を側方に倒す。倒した後は上から頭部を軽く押さえるだけ。その状態で脱力してゆっくり息を吐く。

# 脇の下を伸ばす
# 自重ストレッチ

**頭部と腕の重みで背中の側部を伸ばす**

目標
**30秒**

背もたれに
体の側部で
もたれ掛かる

Target

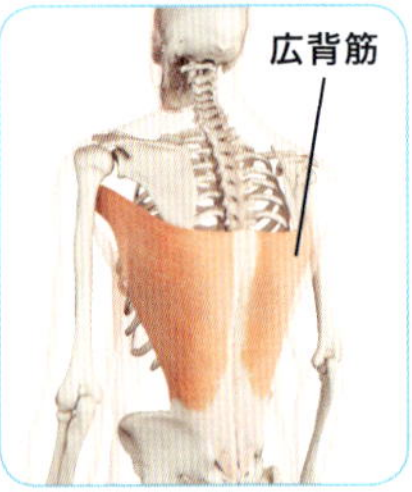


**1 イスに横向きで座り、頭上で手首をつかむ**

背もたれのあるイスに横向きでもたれ掛かるように座る。両手は頭上に上げて上側の腕の手首をつかむ。そこから背すじを伸ばす。

## 胸部と肩関節の連動で背中の広背筋を伸ばす

胸椎（胸部の脊柱）を横に曲げながら、腕を側方へ振り上げる動きによって、肩関節で肋骨と腕の骨（上腕骨）をつないでいる広背筋を伸ばす。腕に密着する脇の下の部分は、血行不良で硬くなりやすいので、伸ばして血行を促進させよう。

NG

腕を引いた時に肩が前方へ落ちると、胸椎が横に曲がらなくなるため、脇の下が伸びない。

頭上へ向かって
引っこ抜くように
腕を引っ張る

**自重ベクトル**

**胸部を横に曲げることにより、頭部と頭上へ伸ばした両腕の重みが、腕を側方へ振り上げて脇の下を伸ばす負荷となる。**

### 2 胸部を横に曲げながら腕を引っ張る

背もたれにもたれ掛かったまま、力まない程度に腕を引っ張りながら胸部を横に曲げる。その状態で脱力してゆっくり息を吐く。

# 肩の前部を伸ばす
# 自重ストレッチ

体重で腕が後方に振られた状態をキープ

目標
左右各
**30秒**

✓ Target

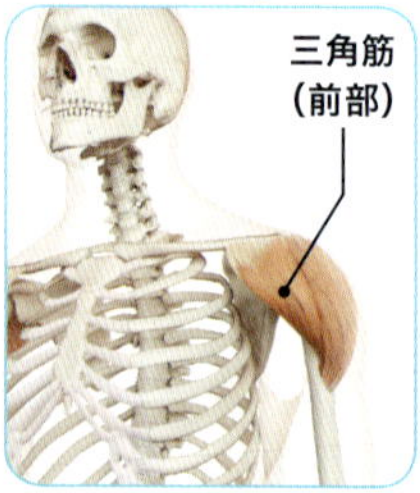

**1 イスに座ってテーブルに片手をおく**

テーブルに対して横向きで座り、腕を側方へ伸ばして
テーブルに片手をおく。そこから背すじを伸ばす。

## 腕を後方に振る動きで三角筋の前部を伸ばす

肩関節で鎖骨と腕の骨(上腕骨)をつないでいる三角筋前部を伸ばすストレッチ。動かす機会が少なく、硬くなりがちな腕を後方に振る動きの可動域を広げる。座ったまま体重で腕を後方に振った状態をキープするため、脱力して伸ばせる。

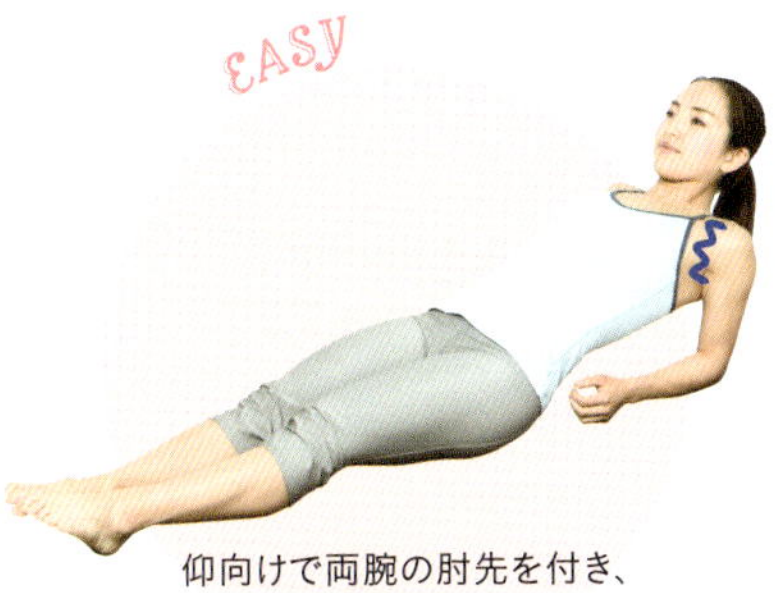


仰向けで両腕の肘先を付き、三角筋の前部をソフトに伸ばす硬い人向けの方法。肘先に体重を乗せて脱力する。

体全体を回し
テーブルに
背を向ける

**自重ベクトル**

**テーブルに手を付いたままイスに座ることで、上体の重みが腕を後方に振った状態で固定する負荷として働くため、肩の前部がしっかり伸びる。**

### 2 体を回して腕が後方に振られた状態する

背すじを伸ばしたまま、体を回してテーブルに背を向け、腕が後方に振られた状態にする。そのまま脱力してゆっくり息を吐く。

# 肩の中・後部を伸ばす自重ストレッチ

## 上体の重みで腕を体の前に折り曲げる

目標
左右各
**30秒**

✓ Target

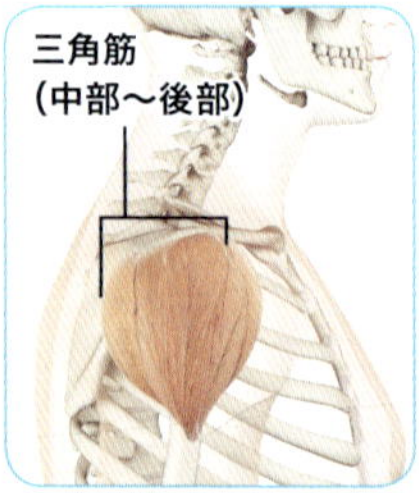
三角筋
(中部～後部)

手首を押さえて
腕を固定する

**1 テーブルに片腕の肘先を乗せる**

テーブルに片腕の肘先を乗せ、もう片方の手で上から押さえて動かないようにする。

## 肩関節を内側へ閉じて三角筋の中・後部を伸ばす

肩を内側へ閉じる動き（水平内転）によって、肩関節で肩甲骨と腕の骨（上腕骨）をつないでいる三角筋の中部〜後部を伸ばす。肩を水平面で内側へ振る動きの可動域を広げるストレッチ。肩関節の滑らかな動きを維持する効果もある。

バリエーション

テーブルがなくても、床へ肩を押し付ける動きで同じようにストレッチできる。

親指を上に向けると伸ばしやすくなる

### 自重ベクトル

**頭を下げて肩をテーブルに押し付けることで、上体の重みが肩関節を内側へ閉じて三角筋の中部〜後部を伸ばす負荷となる。**

### 2 頭を下げて肩をテーブルに押し付ける

頭を下げて上体で肩をテーブルに押し付け、上腕部の後面までテーブルに付ける。そのまま脱力してゆっくり息を吐く。

# 肩関節内旋筋群の自重ストレッチ

**上体を回しながら体重を掛けて肩を外方向にひねる**

Target

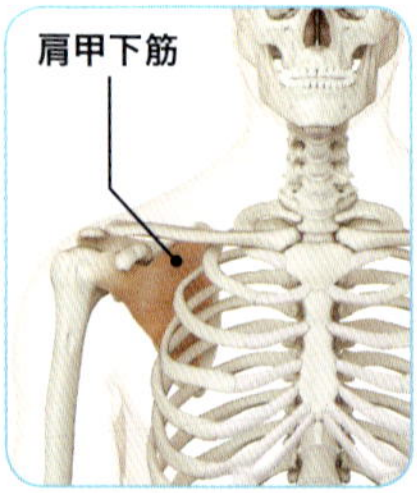

**目標**
**左右各**
**20秒**

## 1 片腕の手先を壁の縁に引っ掛ける

片腕の脇を締めて肘を曲げ、壁の縁に手首から先の部分を引っ掛ける。そこから背すじを伸ばす。

NG

上体を回す時に脇が開くと肩がひねられず、後方へ振られる動きになるのでNG。

## 肩関節の深部にある内旋筋群を伸ばす

肩甲《けんこう》下筋《かきん》をはじめとする肩関節内旋筋群は、肩を内方向へひねる動きに働くため、逆方向にひねって伸ばす。壁に手先を掛けたまま上体を回すことで肩が外方向へひねられる。肩関節の深層筋をほぐすことで五十肩の予防などにもつながる。

両肩のラインが
回転するように
上体を回す

### 自重ベクトル

**壁に手先を引っ掛けたまま上体を回すとともに、軽く体を前方に倒すことで、体重が肩関節を外方向にひねって内旋筋群を伸ばす負荷となる。**

## 2 上体を回して肩を外方向へひねる

背すじを伸ばしたまま上体を回して、壁に引っ掛けているほうの肩を外方向にひねる。その状態で脱力してゆっくり息を吐く。

# 肩関節外旋筋群の自重ストレッチ

**後方へ体重を掛けて肩を内方向にひねる**

Target

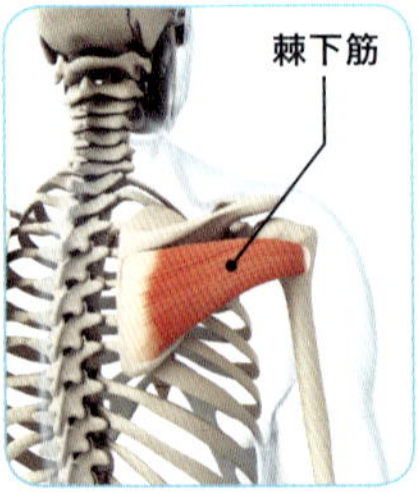

目標
左右各
20秒

## 1 腰に手を当てて肘の後面を壁の縁に当てる

片腕を体の側方で曲げて手先を腰に当てる。そのまま曲げた状態となっている肘の後面を壁の縁に当てる。

## 肩関節の深部にある外旋筋群を伸ばす

棘下筋《きょくかきん》をはじめとする肩関節外旋筋群は、肩を外方向へひねる動きに働くため、逆方向にひねって伸ばす。壁の縁に肘《ひじ》を当てたまま上体を倒すことで肩が内方向へひねられる。内旋筋群と同様にほぐすことで五十肩の予防などにつながる。

上体を倒す時に手先が体の前部にズレると肩が内方向へひねられないのでNG。

過度にひねられると痛める危険があるので体重は掛けすぎない

**自重ベクトル**

壁に肘を当てたまま上体を軽く後方へ倒すことで、上体の重みが肩関節を内方向にひねって外旋筋群を伸ばす負荷となる。

### 2 上体を回して肩を外方向へひねる

壁側の足を一歩引いて軽く上体を後方へ倒し、壁に当てているほうの肩を内方向にひねる。その状態で脱力してゆっくり息を吐く。

# 上腕の前面を伸ばす
# 自重ストレッチ

**腕の重みを肩に掛けて上腕前面を伸ばす**

目標
**30秒**

手の平が上を
向くように
両腕を開く

両腕は脱力しても
水平に伸ばした
状態のままとなる

Target

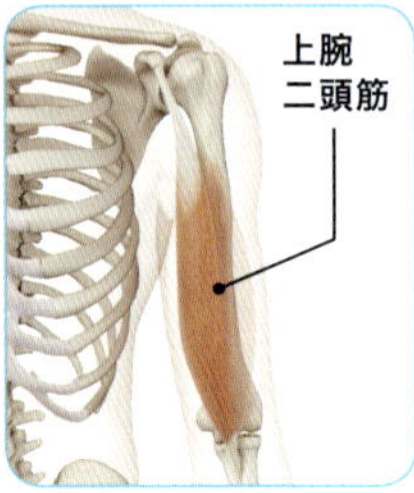


**1** **イスにもたれて両腕を左右に開く**

背もたれのあるイスにもたれ掛かるように座って上体を反らせる。そこから両腕を伸ばしたまま左右に開く。

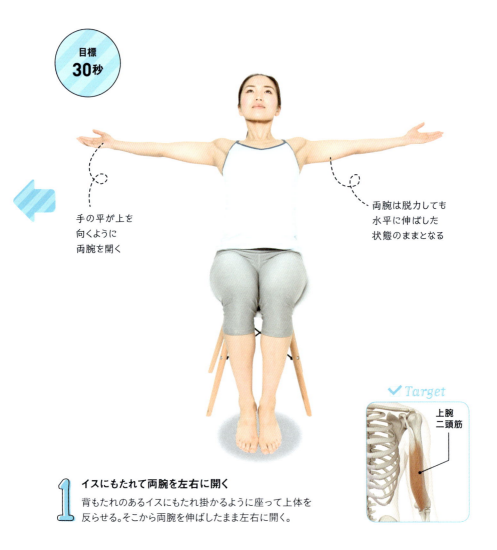

## 肩関節と肘関節の連動で上腕二頭筋を伸ばす

肩を後方へ開いた状態で、肘先を内方向にひねり、腕の前面で肩関節と肘関節をまたぐ上腕二頭筋を伸ばす。肘を曲げる動きに働く使用頻度の高い筋肉であるため、ストレッチによる疲労改善が有効。イスに座って行なうことで脱力して伸ばせる。

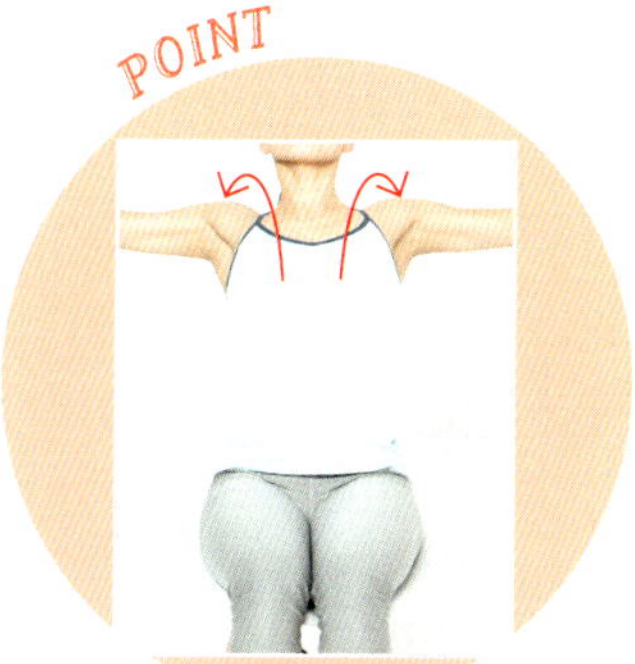
POINT

背もたれにもたれたまま、上体を反らせて胸を張った状態で両腕を左右に開く。

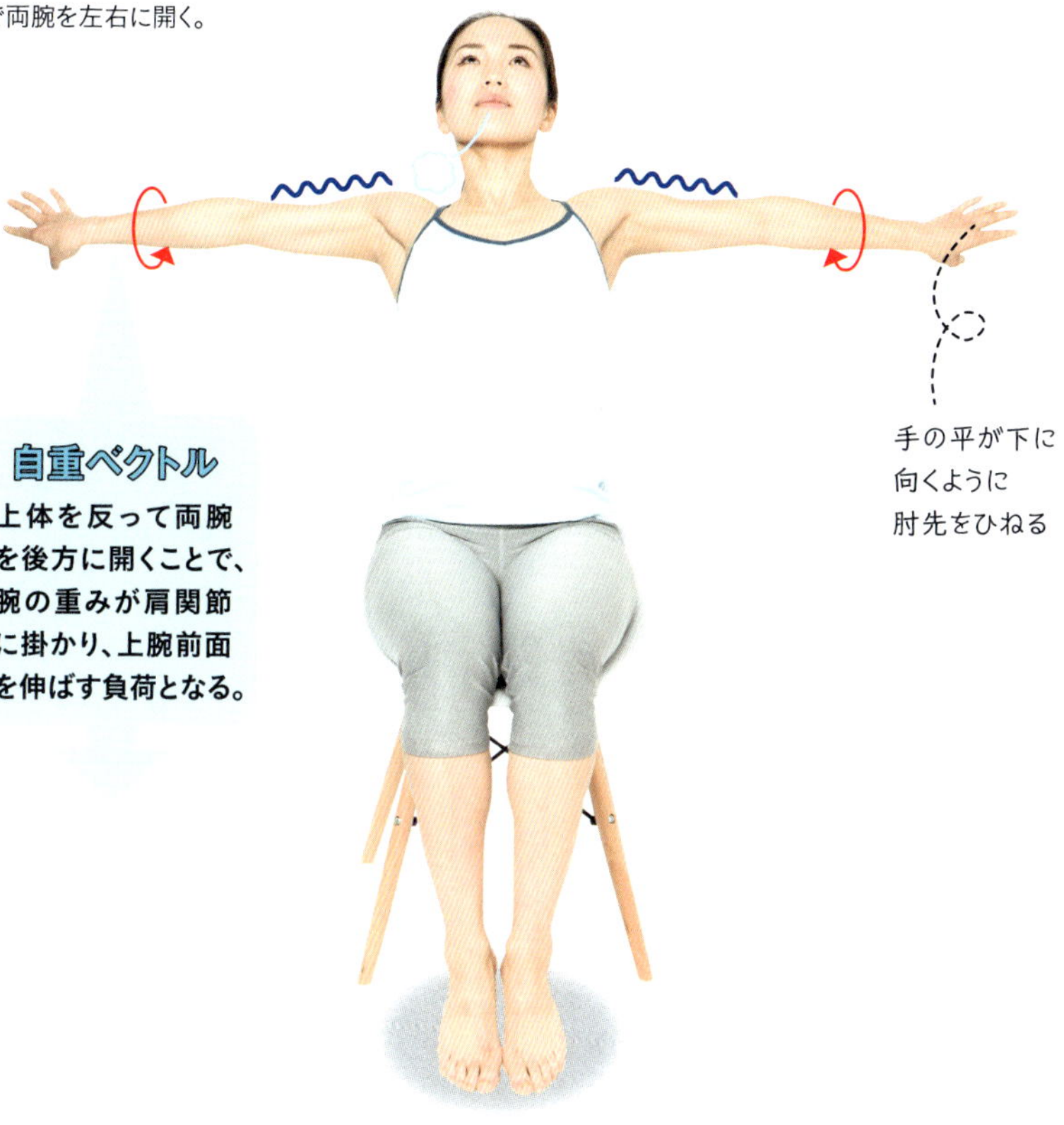
手の平が下に
向くように
肘先をひねる

**自重ベクトル**

**上体を反って両腕を後方に開くことで、腕の重みが肩関節に掛かり、上腕前面を伸ばす負荷となる。**

### 2 両腕の肘先を内方向にひねる

両腕を伸ばしたまま肘先を内方向にひねり、手の平を下に向ける。その状態で脱力してゆっくり息を吐く。

# 上腕の後面を伸ばす
# 自重ストレッチ

体重を肩に掛けて上腕後面を伸ばす

Target

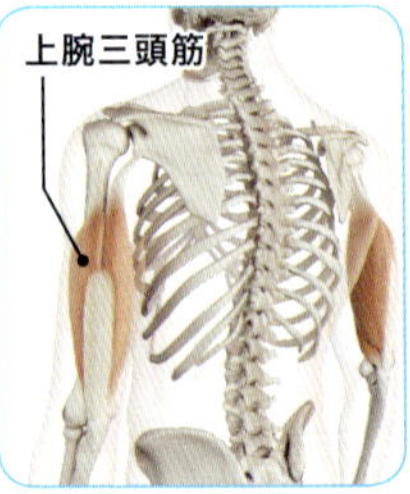

肘先は頭部の
後ろにくる

目標
左右各
30秒

**1 片腕の上腕後面を壁に付ける**

壁の前に横を向いて立つ。そこから肘を頭上まで振り上げて上腕の後面を壁に付ける。

## 肩関節と肘関節の連動で上腕三頭筋を伸ばす

腕を頭上へ振り上げた状態で肘を深く曲げ、腕の後面で肩関節と肘関節をまたぐ上腕三頭筋を伸ばす。壁にもたれることで自重を使って伸ばせる。二関節筋であるため、肩と肘を連動させないと筋肉を両端から伸ばすことができない。

肩関節に体重を掛けるだけでなく、肘関節も深く曲げないと二関節筋の上腕三頭筋を両端から伸ばせない。

肘を曲げられない人はもう片方の手で手先を軽く押してアシストする

**自重ベクトル**

**肘を曲げた状態で壁に上腕後面を押し付けることにより、全身の体重が肩関節を伸ばして二関節筋の上腕三頭筋を両端から伸ばす負荷となる。**

### 2 壁に体重を掛けながら肘を曲げる

壁に体重をかけて肩関節を伸ばしながら、肘をできるだけ深く曲げる。その状態で脱力してゆっくり息を吐く。

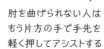

# 前腕の前面を伸ばす
# 自重ストレッチ

## 上体の重みで手首を反らせる

**手首を反らせる動きで前腕の屈筋群を伸ばす**

手関節（手首）を反らせて、手首を曲げる動きに働く前腕の屈筋群を伸ばす。前腕と手の平をつなぐ筋群を伸ばして手先の血行を促進する効果も。肘を伸ばしたまま手首を反らせることで、肘関節と手関節をまたぐ二関節筋も伸ばせる。

Target

**目標**
**左右各**
**30秒**

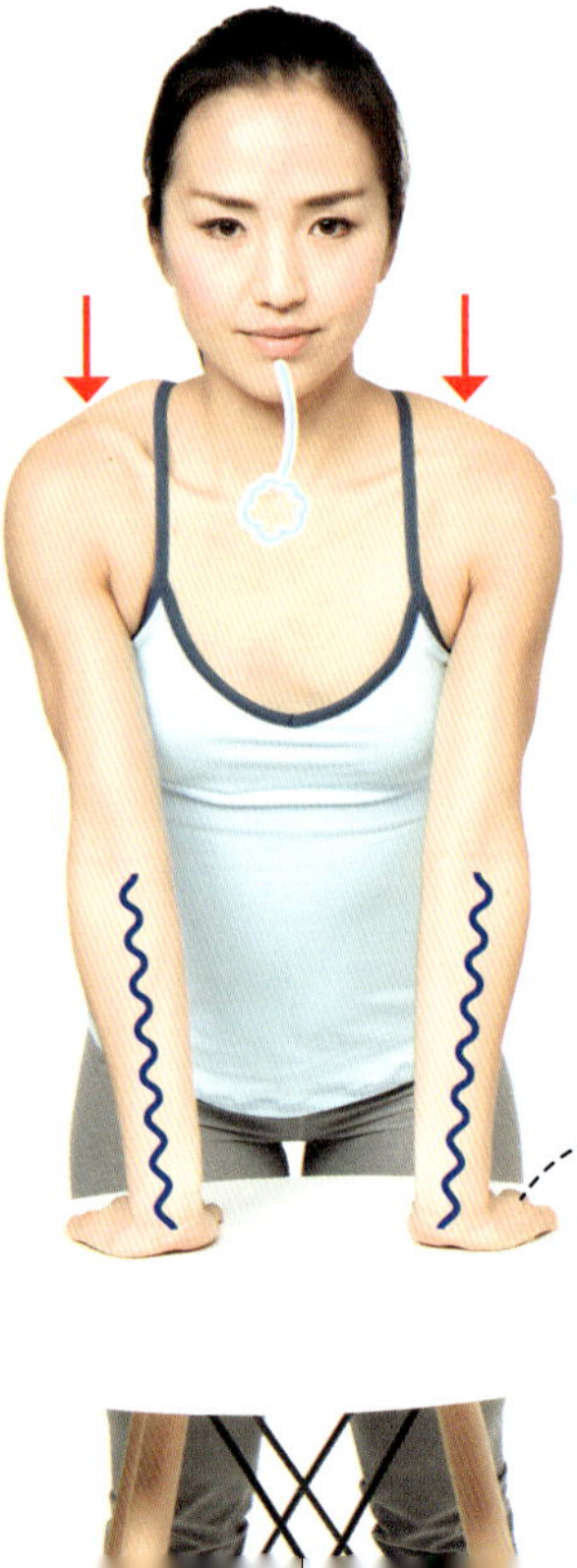

**テーブルに両手を付き体重を掛けていく**

立ったまま肘を伸ばした状態で、両手の手の平をテーブルに付ける。そこからテーブルに体重を掛けて手首を反らせる。その状態で脱力してゆっくり息を吐く。

**自重ベクトル**

**テーブルに体重を掛けることで、上体の重みが手首を反らせて前腕前面の屈筋群を伸ばす負荷となる。**

手指を自分のほうへ向けて手の平を付く

# 前腕の後面を伸ばす自重ストレッチ

## 上体の重みで手首を曲げる

**手首を曲げる動きで前腕の伸筋群を伸ばす**

手関節（手首）を曲げて、手首を反らせる動きに働く前腕の伸筋群を伸ばす。前腕と手の甲をつなぐ筋群を伸ばすことで手先の血行も促進できる。この種目は手首と一緒に指も曲げるため、手甲と手指をつなぐ二関節筋も伸ばすことができる。

Target

**目標**
**左右各**
**30秒**

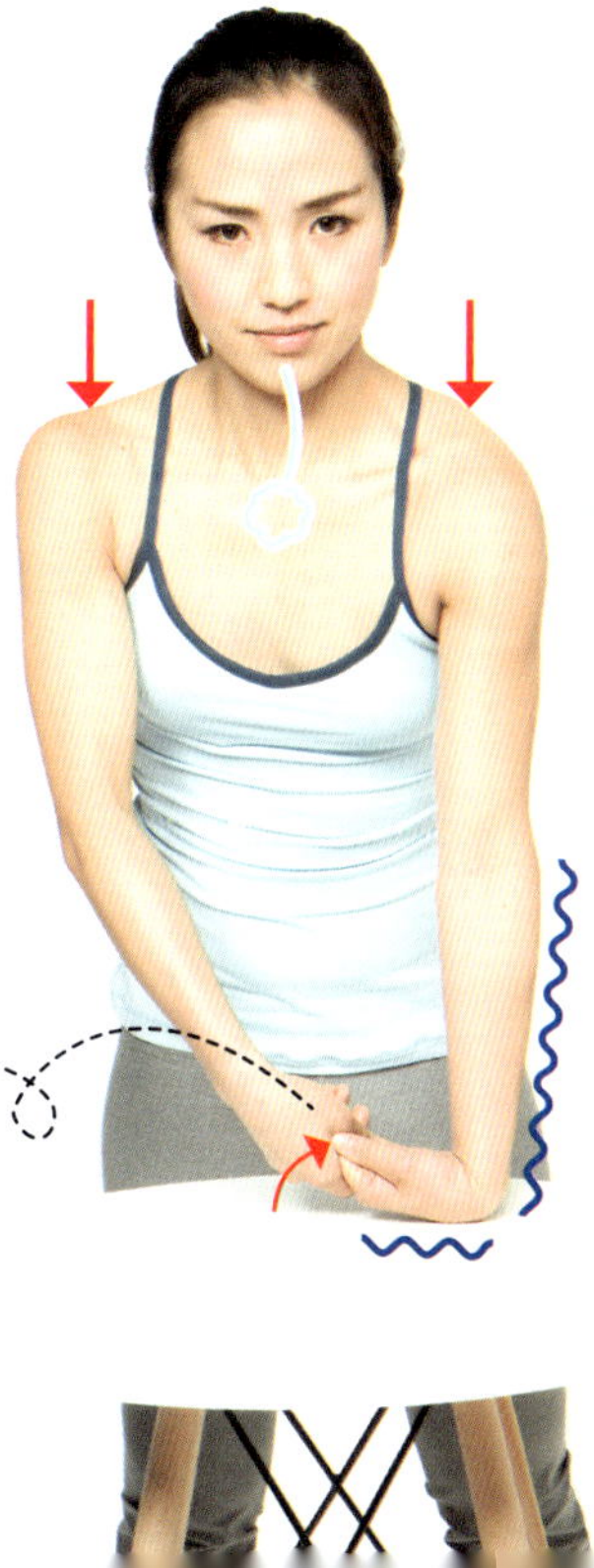

### テーブルに手の甲を付き手指をつかんで曲げる

立ったまま片手の手の甲をテーブルに付けて軽く体重を掛ける。そこからもう片方の手で指をつかんで折り曲げる。その状態で脱力してゆっくり息を吐く。

前腕から指先がコの字になるように手指も一緒に曲げる

### 自重ベクトル

テーブルに体重を掛けることで、上体の重みが手首を曲げて前腕後面の伸筋群を伸ばす負荷となる。

# 手の平を伸ばす
# 自重ストレッチ

## 上体の重みで手の平と手指を反らせる

**手の平と手指を反らせて
前腕の屈筋群を伸ばす**

手の平と手指を一緒に反らせる動きで、手の平と手指をつないでいる屈筋群を伸ばすストレッチ。手の平から手指にかけての血行を促進し、冷え性の予防・改善にもつながる。無理に伸ばす必要はなく、痛くない程度で軽く伸ばせばOK。

Target

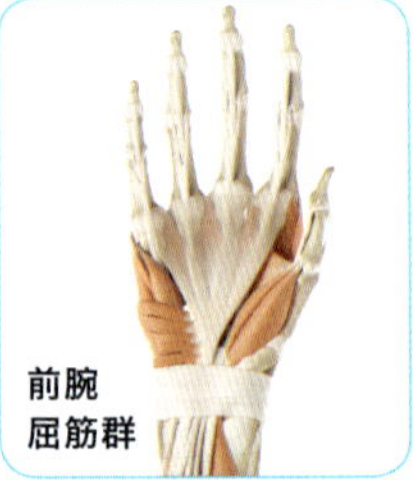


目標
**30秒**

**自重ベクトル**

**テーブルに体重を掛けることで、上体の重みが手の平と手指を反らせて、手の平〜手指にかけての屈筋群を伸ばす負荷となる。**

手の平は
テーブルに
付かなくてOK

親指を付くのは
人差し指から
離れた位置に

**テーブルに指先を付き
体重を掛けていく**

立ったまま肘を伸ばした状態で、両手の指先をテーブルに付く。指の間隔はそれぞれくっ付けずに開いて離す。そこからテーブルに体重を掛けて手の平と手指を反らせる。その状態で脱力してゆっくり息を吐く。

第6章

# 骨盤&肩甲骨の動的ストレッチ

この章では、人体動作の要となる骨盤と肩甲骨を動かしながら、
柔軟な体の土台を作る「動的ストレッチ」の種目を紹介します。
自重ストレッチの準備体操として行なっても効果的です。

# 人体動作の要となる 骨盤の動き

**後傾した骨盤**

骨盤が後傾したままズレて固まると、腰椎が伸ばされて腰に負担がかかる。太腿裏のハムストリングが硬くなると骨盤が後傾するリスクが大きくなる。

**正常な骨盤**

骨盤が正常な位置にあるため、脊柱のS字カーブも正常な状態。骨盤が正常に動くことで脊柱も股関節も過度な負担を掛けることなく動かせる。

**前傾した骨盤**

骨盤が前傾したままズレて固まると、腰椎が過度に反ってしまい、腰に負担がかかる。股関節深部の腸腰筋が硬くなると骨盤が前傾しやすくなる。

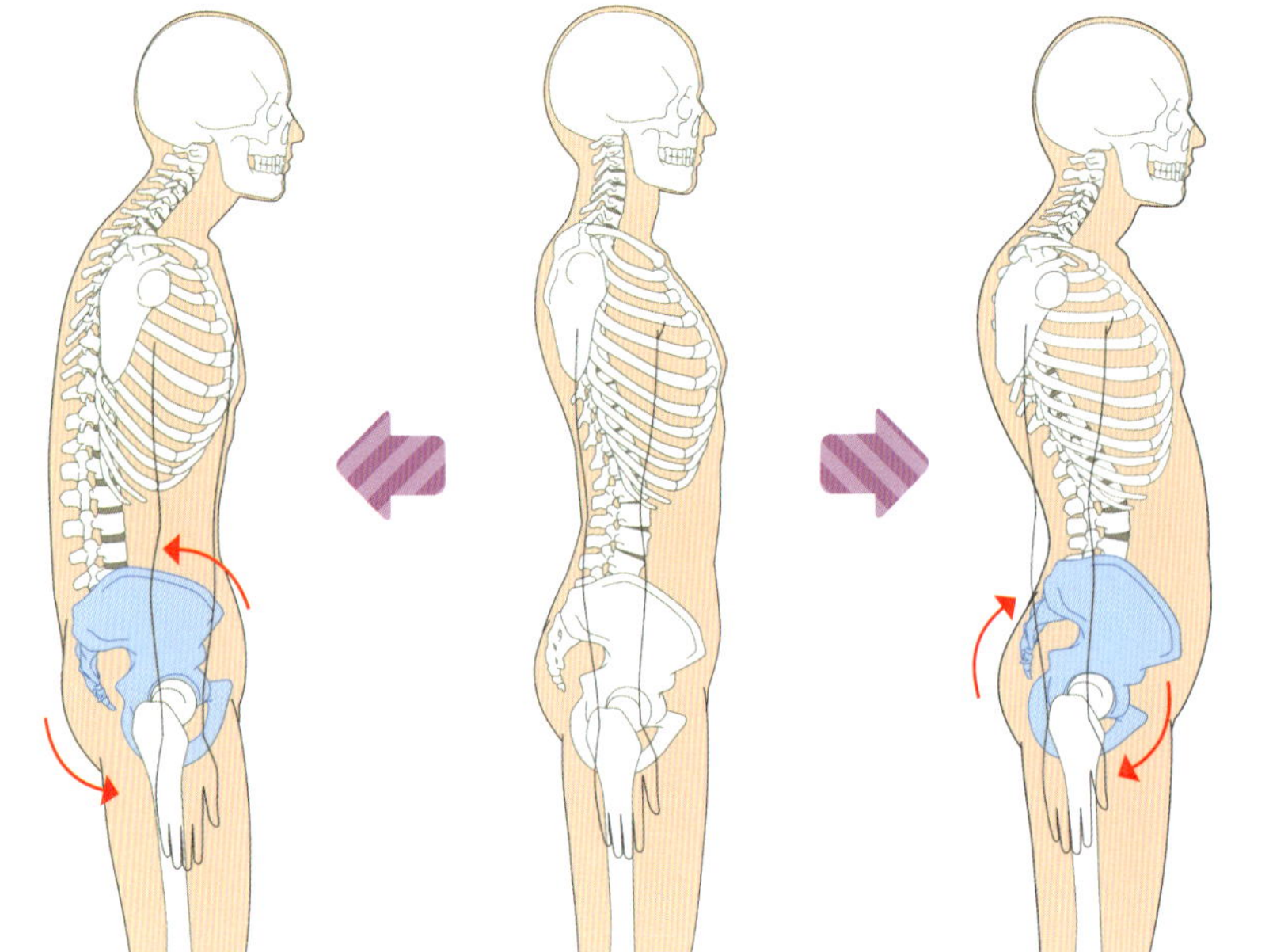

骨盤は脊柱（背骨）の土台となっている部分。さらに、太腿の大腿骨と連結して股関節も構成しています。上半身と下半身をつないでいるのが骨盤であり、骨盤の動きが人体動作の要となっているのです。

## 動かす感覚を養うことで骨盤の可動域を維持する

骨盤まわりには強固な靭帯や結合組織が密集しているため、加齢や運動不足などで骨盤を動かす機会が減ると、骨盤まわりの筋肉も柔軟性を失います。骨盤の動きが悪くなると腰椎（腰部の脊柱）への負担が大きくなり、腰痛のリスクが高まります。

さらに、脊柱の土台である骨盤がズレたまま固まると、脊柱に歪みが生じて猫背や腰痛といった症状につながります。

もともと可動域が小さい骨盤は、意識して動かすことが難しいため、動かす感覚を養うことが有効。本章で紹介する「骨盤ドリル」で、骨盤まわりをほぐすとともに、〝骨盤を動かす感覚〟を身に付けましょう。

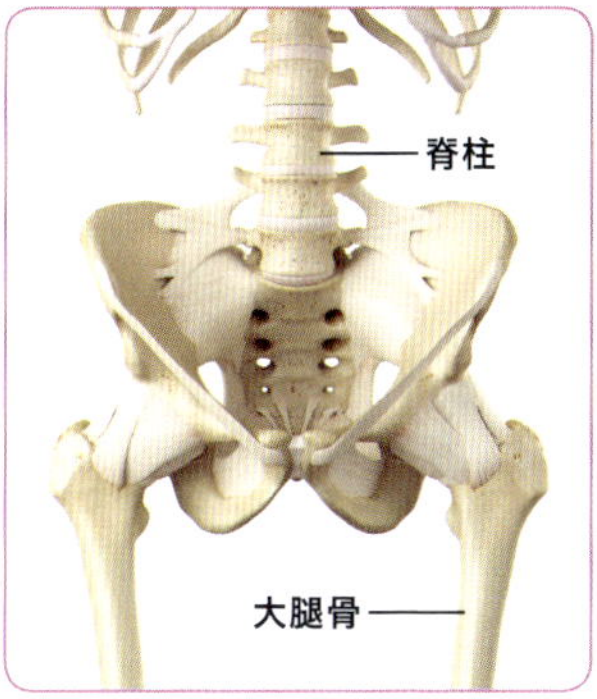


骨盤まわりには骨盤を保護するために強固な靭帯や結合組織が密集している。

### 前屈動作も骨盤の動きが重要

上体を倒して前屈する動きも、股関節を曲げる動きだけでなく、骨盤の前傾が連動することで成り立っている。骨盤が前傾しなければ、前屈動作は小さくなる。

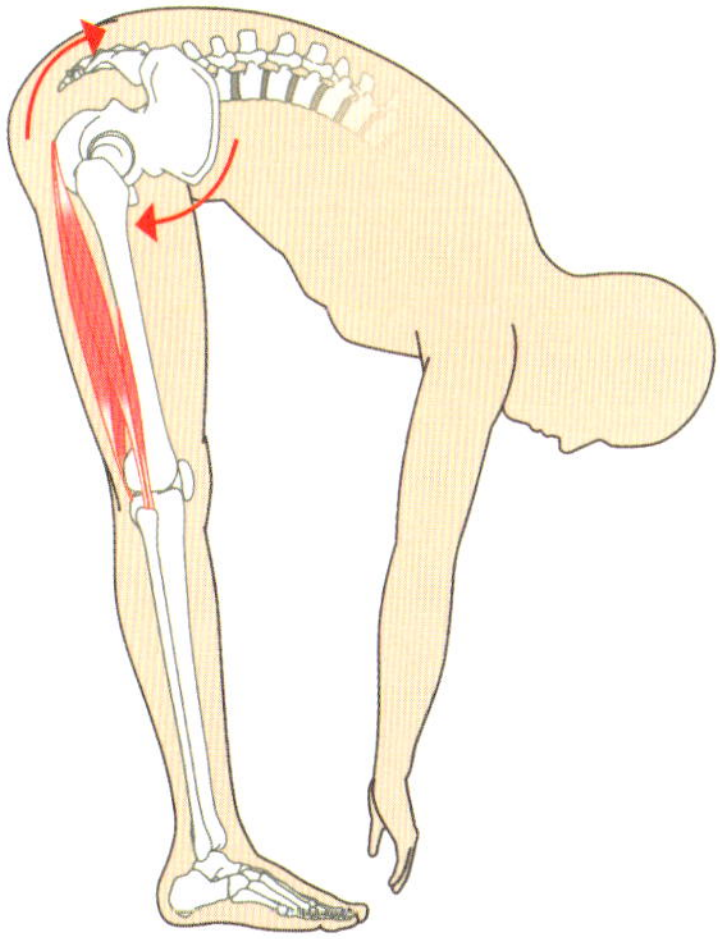

骨盤ドリル❶

# 骨盤の前傾・後傾

骨盤を前後に倒して傾ける

**1 イスに座って背すじを伸ばす**

イスにやや浅めに座って背すじを伸ばし、左右の手で骨盤の両端をつかむ。

**2 骨盤を前傾させる**

骨盤を前方に倒して傾ける。背中を軽く反らせると骨盤が前傾しやすくなる。

**目標 前後交互に往復30回**

## 骨盤を前後傾する動きの感覚を身に付ける

骨盤を前方に倒す前傾と、後方に倒す後傾の動きを交互に繰り返し、骨盤まわりをほぐしながら、骨盤を前後に傾ける動きを覚える。イスに座ることで骨盤を固定したまま、上半身の重みを使って動かせるため、前後傾させる感覚が身に付く。

POINT

骨盤の両端をつかみ、前傾・後傾させる動きを手の力でアシストする。

腹部が縮まって
腰部が伸びる

### 3 骨盤を後傾させる

骨盤を後方に倒して傾ける。腰を中心に背中を丸めると骨盤が後傾しやすくなる。

骨盤ドリル❷

# 骨盤の左傾・右傾

骨盤を左右にスライドさせて傾ける

目標
左右交互に
往復30回

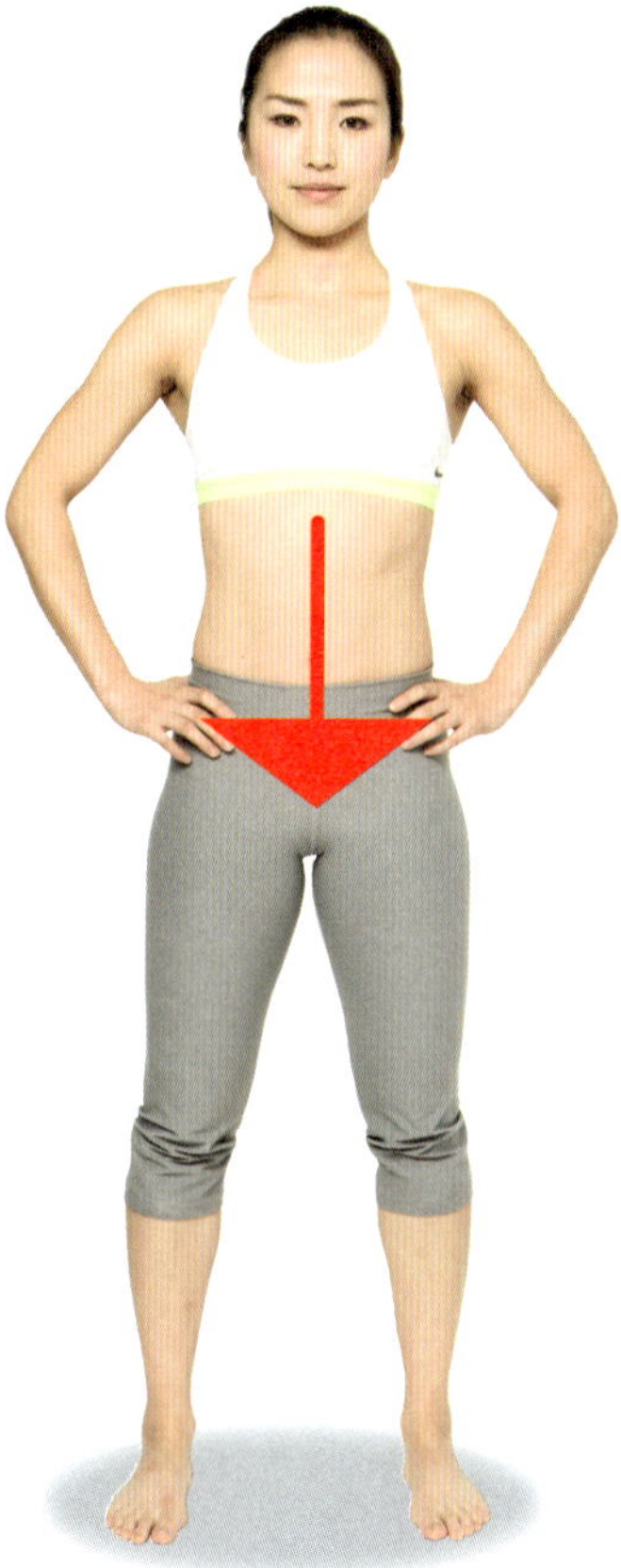

上体ごと傾ける動きになると股関節の動きになるのでNG。両肩のラインが傾かないように注意する。

**1 脚を肩幅に開いて立つ**

脚を肩幅に開いて立つ。そこから背すじを伸ばし、左右の手で骨盤の両端をつかむ。

## 骨盤を左右に動かす感覚を身に付ける

骨盤を左右に傾ける動きを交互に繰り返すドリル。骨盤まわりをほぐしながら、骨盤の左右の動きを覚える。

骨盤を左右へ水平に移動させることがポイント。上体ごと傾ける動きになると、骨盤の動きではなく、股関節の動きになるので注意。

両肩のラインが
傾かないように
骨盤を横へ動かす

### 2 骨盤を左傾（右傾）させる

骨盤を横へ水平に動かす。骨盤を傾けずに横へスライドさせることで、骨盤は左右に傾いた状態となる。

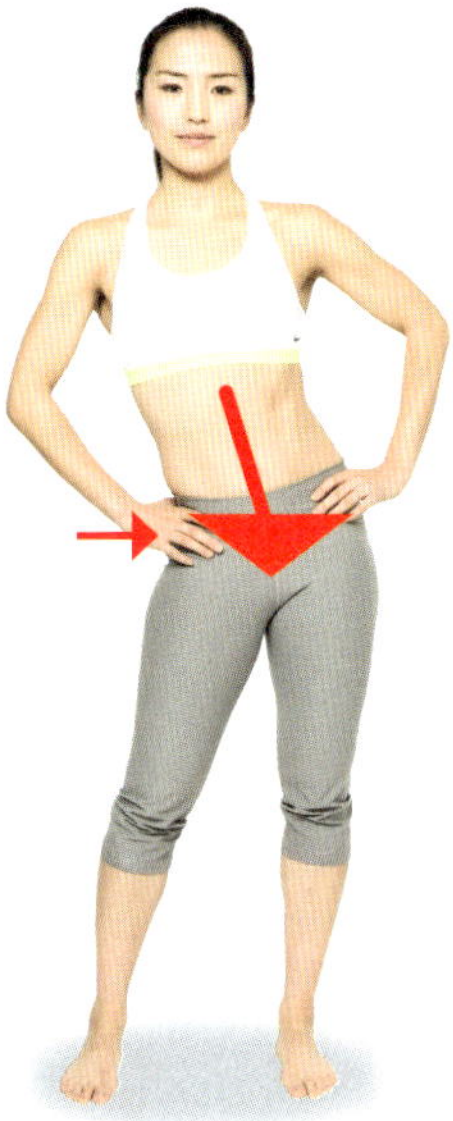

### 3 骨盤を右傾（左傾）させる

逆方向へ骨盤をスライドさせる。お尻を側方へ突き出すように骨盤を動かすと水平に動かせる。

# 肩関節の土台となる
# 肩甲骨の動き

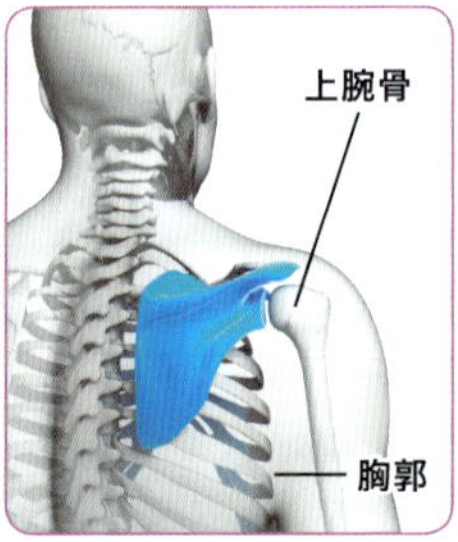


## 肩甲骨と肩関節の連動

肩関節のみの動きでは腕をしっかり前方まで伸ばせない（写真右）。肩関節を動かしながら、肩甲骨を開く（外転させる）と、肩関節自体が前方へ動くため、より遠くまで腕を伸ばせる。

背中の肩甲骨は、腕の骨（上腕骨）と連結して肩関節を構成している骨。いわば〝肩関節の土台〟です。

胸郭の背面を滑るように上下左右へ動くため、肩甲骨が動くほど腕の動きも大きくなります。

肩甲骨は、胸郭と関節で連結しているのではなく、筋肉で胸郭の脊柱（背骨）や肋骨とつながっています。運動不足などで肩甲骨まわりの筋肉が硬くなると、肩甲骨の動きは妨げられ、腕の動きが小さくなります。

## 関節ではない肩甲骨は意識して動かしにくい

さらに、肩甲骨は関節ではないため、意識して動かすことが難しいという一面もあります。日頃から動かしていないと、動かす感覚自体を忘れてしまい、肩甲骨の可動域はさらに小さくなってしまうのです。

本章で紹介する「肩甲骨ドリル」は、肩甲骨を多方向に動かして、肩甲骨まわりの筋肉をほぐすとともに、〝肩甲骨を動かす感覚〟を身に付けるための動的ストレッチになります。

### 肩甲骨の動き

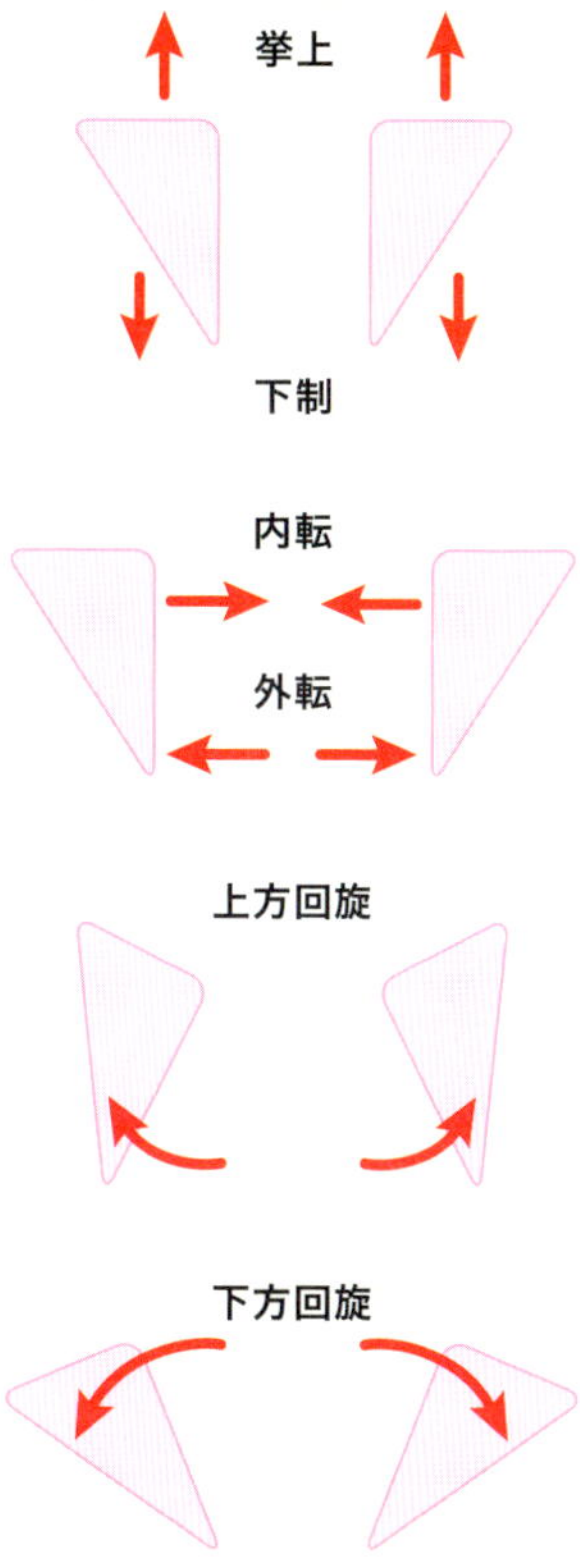
挙上
下制
内転
外転
上方回旋
下方回旋

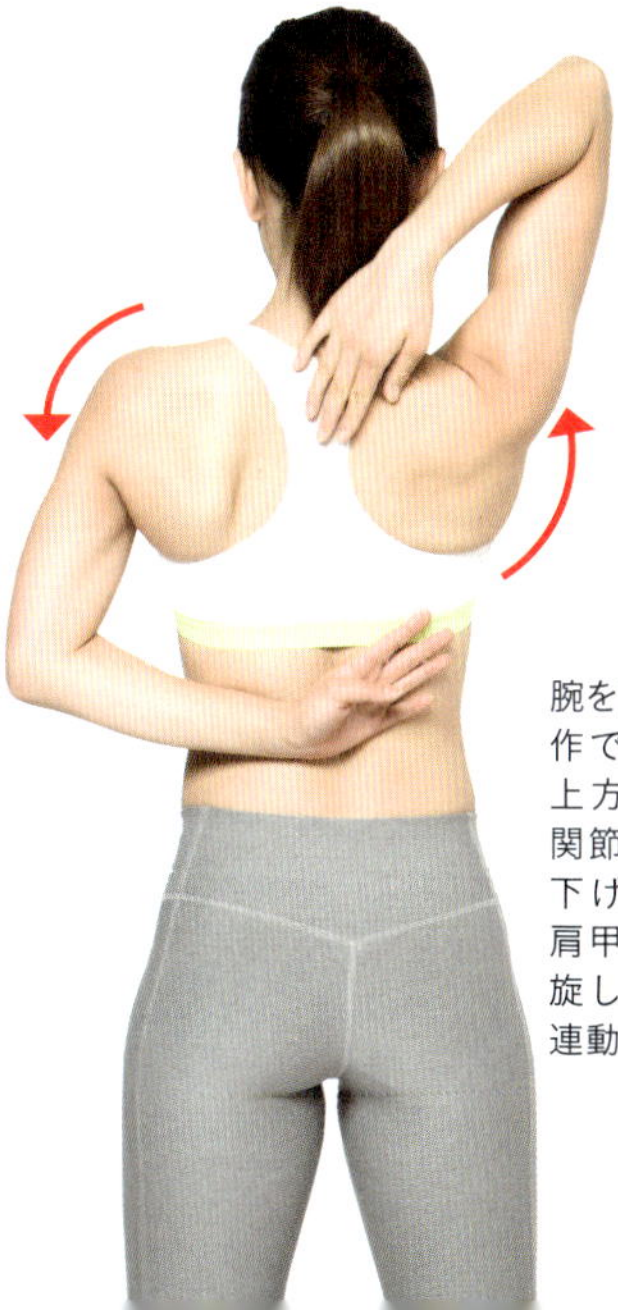

腕を高く上げる動作では肩甲骨が上方回旋して肩関節と連動する。下げる動作でも肩甲骨が下方回旋して肩関節と連動している。

肩甲骨ドリル❶

# 肩甲骨の開閉

## 肩甲骨を開いて腕を大きく前方に伸ばす

### 1 手の平を上にして肘を後方に引く

脇を締めたまま、手の平を上に向けて肘を後方に引く。肘を引きながら胸を張ることで、肩甲骨が内側に閉じてしっかり後方まで引くことができる。

### 2 手先を内方向にひねりながら腕を前方に伸ばしていく

手先を内方向にひねりながら、肘を伸ばして腕を真っすぐ前方に伸ばす。片腕ずつ行なうのは、両腕で行なう場合より、肩甲骨を大きく動かせるため。

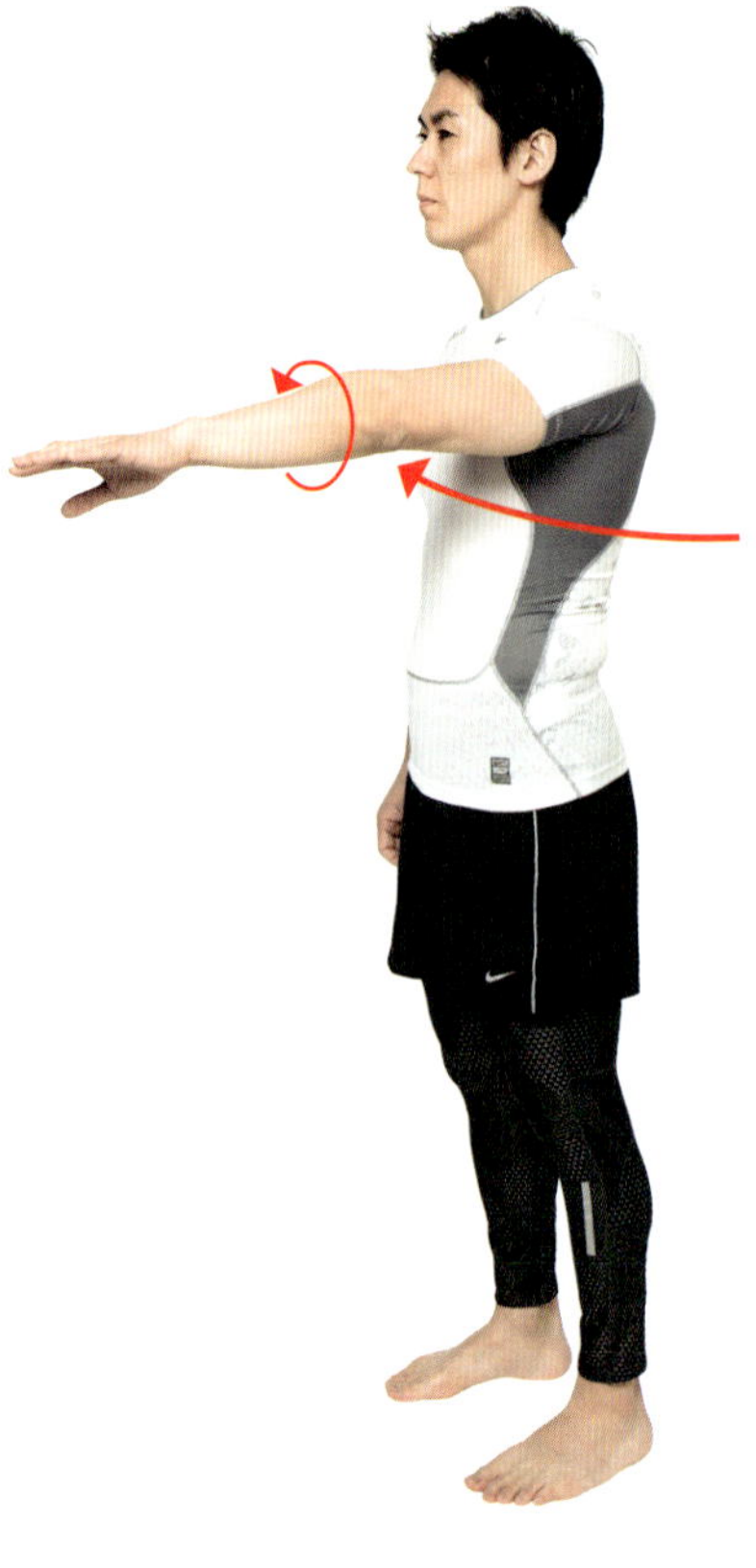

目標
左右各
20回

**肩甲骨を外転・内転させる感覚を養う**

　肩甲骨を開きながら腕を前方に伸ばす動きを養うドリル。肩甲骨を閉じる動きも一緒に身に付く。手先を内方向にひねりながら腕を伸ばすと肩甲骨が開きやすくなる。肩甲骨から腕を動かす感覚が身に付けば腕をしなやかに大きく動かせる。

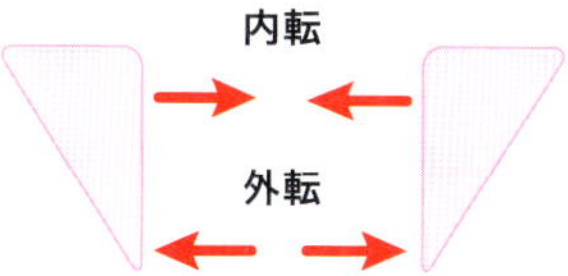


**3 肩甲骨を外側に開いて腕をさらに前方へ伸ばす**

手の平が外側へ向くように手先をさらに内方向へひねりながら、腕を前方へ伸ばす。手先をしっかり内方向にひねることで肩甲骨が開き、腕をより遠くまで伸ばすことができる。

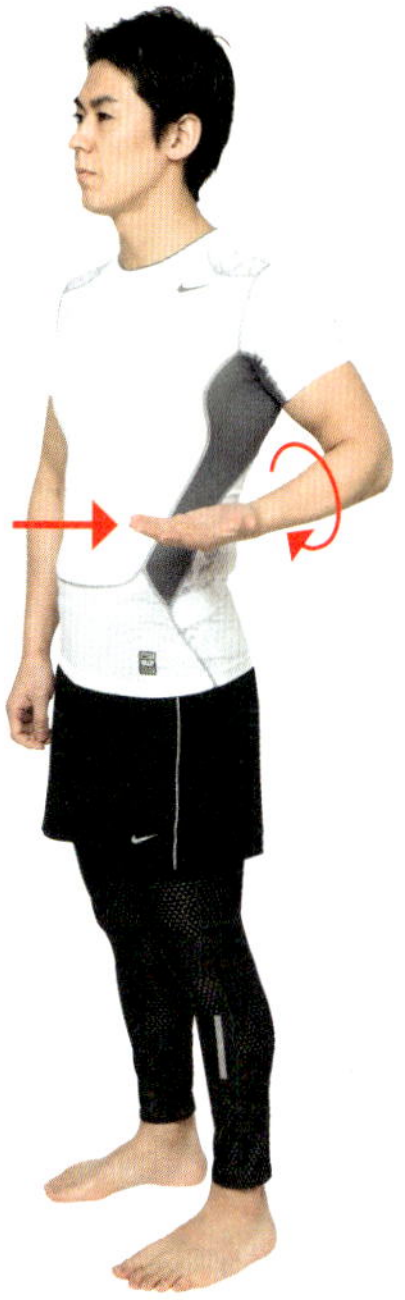

**4 手先を外方向にひねりながら肘から腕を後方に引く**

手の平が上を向くように手先を外方向にひねりながら、肘を後方に引いてスタートの体勢に戻る。ここまでを1回とカウント。肘を引きながら胸を張ることにより、開いていた肩甲骨が内側に閉じてしっかり引くことができる。

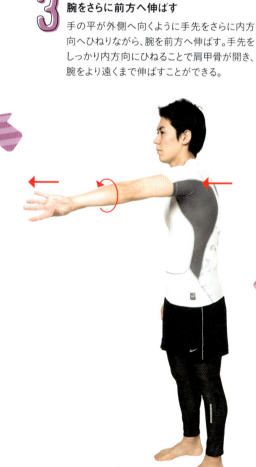

肩甲骨ドリル❷

# 肩甲骨の前傾・後傾

肩甲骨まわりをほぐして可動性を高める

目標
ひねりを
30回

## 1 両腕を水平に伸ばす

両腕を水平の高さで左右に伸ばす。そこから背すじを伸ばして手の平を上に向ける。

## 2 両腕を上下逆に振りながら左右で逆方向にひねる

両腕を左右に伸ばしたままの状態で、片腕を斜め上に上げながら外方向にひねる。もう片方の腕は、斜め下に下げながら内方向にひねっていく。これで1回とカウントする。

## 肩甲骨をはがす動きで肩甲骨まわりをほぐす

肩甲骨を前後に傾けて、肩甲骨まわりの筋肉や組織をほぐすドリル。肩甲骨の前傾・後傾は、意識して動かせる可動域ではないため、腕をひねる動きで傾けていく。肩甲骨まわりの柔軟性を高めることで、肩甲骨は動きやすい状態となる。

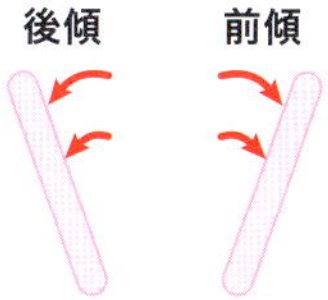

## 3

### 腕を上下入れ替えながら左右それぞれ逆方向にひねる

斜め上に上げた腕を内方向へひねりながら斜め下に下げる。斜め下に下げた腕は外方向へひねりながら斜め上に上げていく。手先から腕全体をしっかりひねることで肩甲骨が前後に傾く。

肩甲骨ドリル❸

# 肩&肩甲骨まわし

肩甲骨から腕を大きく回す

目標
前後各
**20**回転

### 1 両肘を曲げて肩の前部に触れる

脚を肩幅に開いて立ち、上体を前方へ軽く倒す。そこから側方へ振り上げた腕を曲げて肩の前部に指先で触れる。腕を回している間は肩から指を離さない。

### 2 肩甲骨から肘先を大きく回す

肩甲骨から肘先をできるだけ大きく回す。水泳のクロールのように左右交互に回す。両脇を締めることなく、開いたまま体の側方で腕を回していく。

## 肩甲骨の挙上・下制を繰り返しながら腕を回す

肩関節の土台である肩甲骨から腕を回す動きを養うドリル。肘をたたむと肩の動きが抑えられるため、肘先を大きく回すことで自然に肩甲骨を上下左右に動かす感覚が身に付く。前方向だけでなく、後ろ方向に回す動きもセットで行なう。

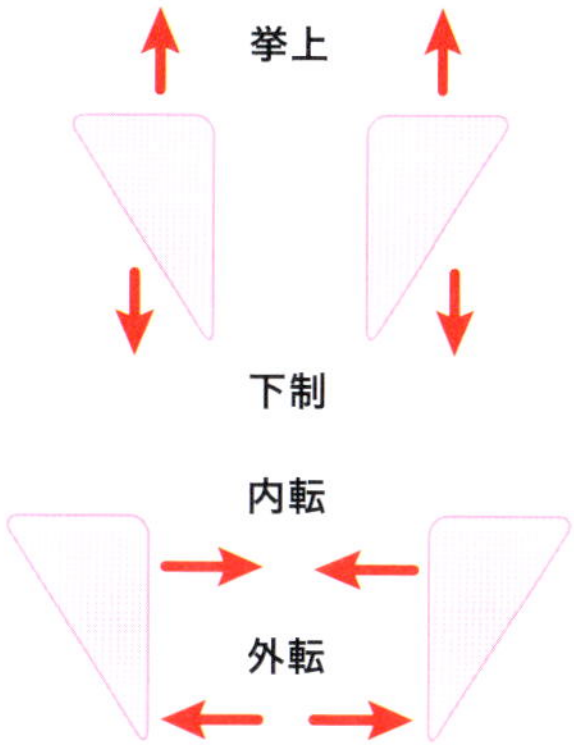

### 3 肘先で円を描くように回していく

肘先で円を描くようなイメージで腕を回していく。両肩のラインを左右交互に前後へ振りながら腕を大きく回す。肩を突き出しながら肩甲骨を開く。

### 4 一定のリズムで腕を回し続ける

一定のリズムでグルグル腕を回していく。左右の腕が1周回った時点で1回転とカウント。前方向に10回転したら、続けて後ろ方向にも回していく。

肩甲骨ドリル❹

# 肩甲骨の上方回旋・下方回旋

## 肩甲骨を回しながら腕を上下に振る

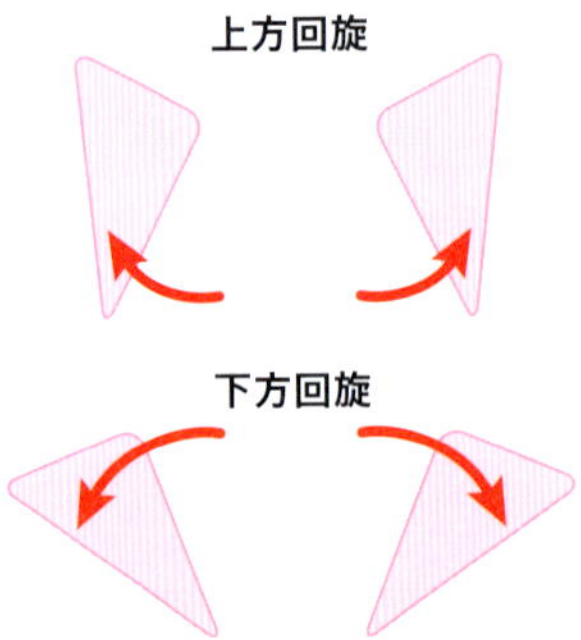


### 肩甲骨と肩関節の連動で腕を上下に振っていく

肩甲骨を回す動きを養う。腕を高く上げる動作では肩甲骨が上方回旋して肩関節と連動。下げる動作でも下方回旋して肩関節と連動する。肩甲骨が回らないと腕は高く上がらない。肘を深く曲げるのは肩甲骨から腕を振りやすくするため。

目標
30回

### 1 腕を時計回りで振りながら肘を背中側へ曲げていく

背すじを伸ばしたまま、体の側方で左右の腕を時計回りで上下に振っていく。肘は背中側へ曲げる。これで1回とカウントする。

### 2 腕を反時計回りで振りながら肘を背中側へ曲げていく

左右の腕を反時計回りで振る。高く上げた左腕を下げ、下げた右腕を振り上げる。肘は両手の指先を近づけるイメージで背中側へ曲げていく。

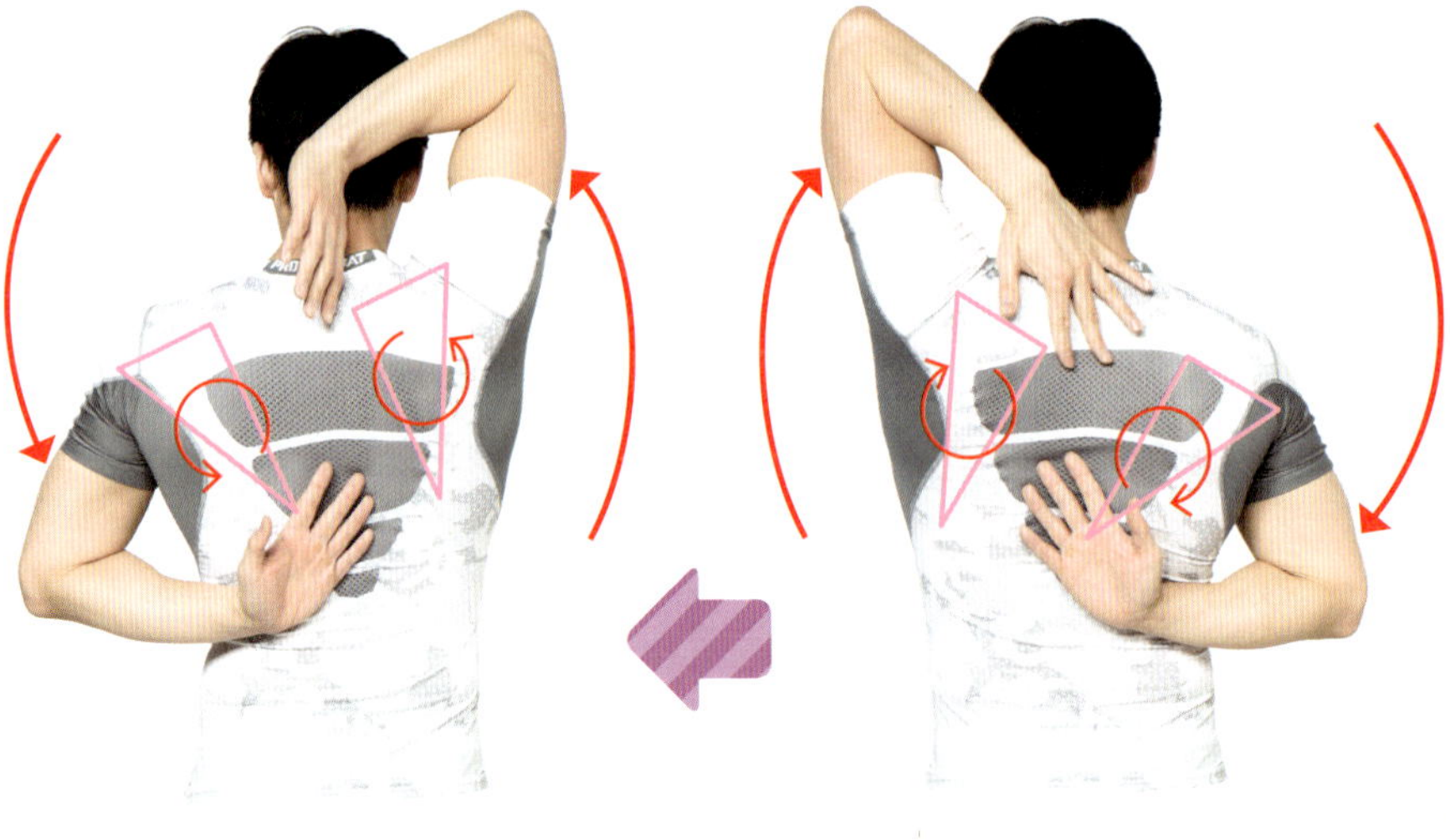

第7章

# 自重ストレッチプログラムの組み方

ストレッチを継続的かつ効果的に行なうためには、
自分に合ったプログラムを作成することが重要です。

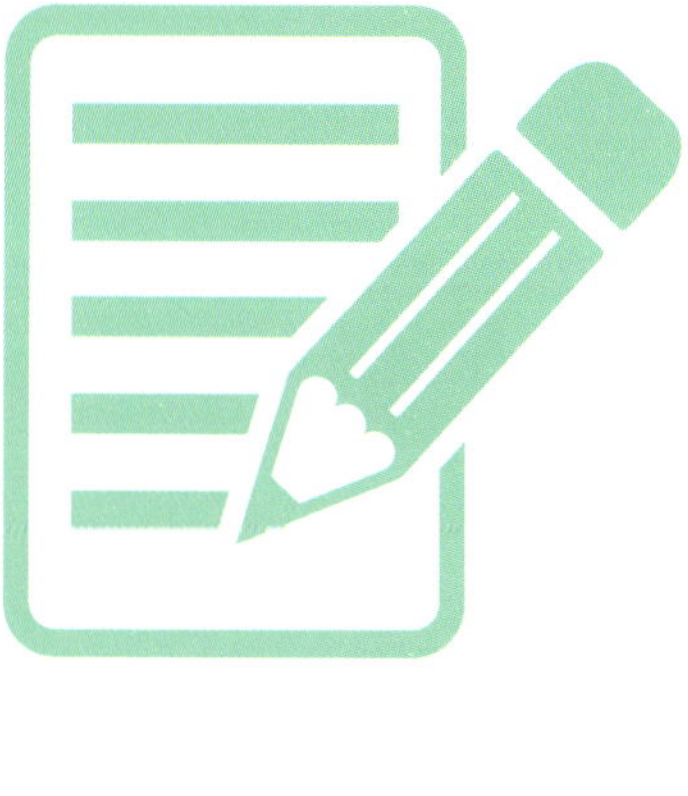

イスに座って行なう種目は、仕事におけるデスクワークやテレビを見ている時間の合間にも行なうことができる。

立ったまま行なう種目は時間や場所を選ばないのが大きな長所。家事をしながら行なうことも可能。

# ストレッチプログラムの正しい組み方

プログラム構成のポイント

- 1週間のストレッチプログラムを決める
- 目的に合った種目を選ぶ
- 無理なく続けられる種目数にする
- 1種目につき週3回以上行なう
- 生活の合間に消化できる種目を取り入れる

ストレッチを継続するために重要となるのが、プログラム構成です。気が向いた時だけストレッチを行なっても柔軟性を向上させることはできません。1週間単位のプログラムを作成し、習慣化させることがポイントとなります。

プログラム構成で最初に考えるのは種目選択です。自分が柔軟性を向上させたい部位のストレッチ種目をピックアップ。そこから生活スタイルやモチベーションに合わせて無理なく続けられる種目数に絞り込みます。

筋トレに比べてストレッチは1種目の時間が短いため、10種目行なっても10分前後。最初は少なめに設定し、後から種目を追加してもいいでしょう。

## 場所を選ばない種目は空いた時間で実践する

基本的にストレッチは毎日行なうのが理想ですが、それは簡単ではありません。1日おきに行なっても十分に効果を得ることができます。ひとつの種目を週3回以上行なってください。

本書で紹介する自重ストレッチは、立った状態やイスに座った状態で気軽にできる種目が多いため、仕事や家事、テレビ視聴などの合間に行なうと効率的。わざわざストレッチの時間を設けなくても、多くの種目をこなすことができます。

また、寝た状態で行なう種目は就寝前に行なうなど、タイミングを決めることも有効です。

# 全身プログラム(初級編)

硬くなりやすい体幹と股関節を中心に全身の主要部位をストレッチする
初心者向けプログラム。立って行なう種目やイスに座って行なう種目は
仕事や家事の合間に行なうと効率的。週3日から始めてみよう。

## 上半身種目

| | |
|---|---|
| 体幹 | 胸郭を広げる自重ストレッチ(➡P.40 or 42)<br>脊柱を丸める自重ストレッチ(➡P.44)<br>脇腹を伸ばす自重ストレッチ2(➡P.54)<br>脇腹をひねる自重ストレッチ(➡P.56) |
| 肩甲骨 | 首の付け根を伸ばす自重ストレッチ(➡P.116) |

## 下半身種目

| | |
|---|---|
| 股関節 | お尻を伸ばす自重ストレッチ(➡P.72)<br>内ももを伸ばす自重ストレッチ(➡P.78) |
| 脚 | 太もも裏を伸ばす自重ストレッチ(➡P.98 or 100) |

全種目を週3日(例)

| 日 | 月 | 火 | 水 | 木 | 金 | 土 |
|---|---|---|---|---|---|---|
| | 全種目 | | 全種目 | | 全種目 | |

「上半身」と「下半身」に分割(例)

| 日 | 月 | 火 | 水 | 木 | 金 | 土 |
|---|---|---|---|---|---|---|
| | 上半身種目 | 下半身種目 | 上半身種目 | 下半身種目 | | 全種目 |

# 全身プログラム（中級編）

全身の主要部位をしっかりストレッチする中級者向けプログラム。
全種目を一度に行なうと時間が掛かるので、上半身種目と下半身種目や、
メインで伸ばしたい部位とその他の部位に分割しても良い。

## 上半身種目

**体幹**

胸郭を広げる自重ストレッチ（→P.40 or 42）
脊柱を丸める自重ストレッチ（→P.44 or 46）
脇腹を伸ばす自重ストレッチ2（→P.54）
脇腹をひねる自重ストレッチ（→P.56 or 58）

**肩甲骨**

背中を伸ばす自重ストレッチ（→P.114）
首の付け根を伸ばす自重ストレッチ（→P.116）

## 下半身種目

**股関節**

太ももの付け根を伸ばす自重ストレッチ（→P.68 or 70）
お尻を伸ばす自重ストレッチ（→P.72 or 74）
内ももを伸ばす自重ストレッチ（→P.78 or 80）

**脚**

太もも前面を伸ばす自重ストレッチ（→P.94 or 96）
太もも裏を伸ばす自重ストレッチ（→P.98 or 100）
ふくらはぎの自重ストレッチ（→P.102 or 104）

「上半身」と「下半身」に分割（例）

| 日 | 月 | 火 | 水 | 木 | 金 | 土 |
|---|---|---|---|---|---|---|
| | 上半身種目 | 下半身種目 | 上半身種目 | 下半身種目 | 上半身種目 | 下半身種目 |

「メイン」と「その他」に分割（例）

| 日 | 月 | 火 | 水 | 木 | 金 | 土 |
|---|---|---|---|---|---|---|
| 股関節（メイン）種目 | 股関節（メイン）種目 | その他の種目 | 股関節（メイン）種目 | その他の種目 | 股関節（メイン）種目 | 全種目 |

# 上半身プログラム

加齢で硬くなる体幹部を中心に、上半身の柔軟性を向上させるプログラム。
体の中心軸である体幹が硬くなると全身の動きが硬くなり、
腰痛などにもつながるので、ストレッチによるケアが有効となる。

**体幹**

- 胸郭を広げる自重ストレッチ（➡P.40 or 42）
- 脊柱を丸める自重ストレッチ（➡P.44 or 46）
- お腹を伸ばす自重ストレッチ（➡P.48 or 50）
- 脇腹を伸ばす自重ストレッチ2（➡P.54）
- 脇腹をひねる自重ストレッチ（➡P.56 or 58）

**肩甲骨**

- 背中を伸ばす自重ストレッチ（➡P.114）
- 首の付け根を伸ばす自重ストレッチ（➡P.116）

**肩**

- 胸を伸ばす自重ストレッチ（➡P.110 or 112）
- 脇の下を伸ばす自重ストレッチ（➡P.118）
- 肩の前部を伸ばす自重ストレッチ（➡P.120）
- 肩の中・後部を伸ばす自重ストレッチ（➡P.122）

全種目を週3日（例）

| 日 | 月 | 火 | 水 | 木 | 金 | 土 |
|---|---|---|---|---|---|---|
| | 全種目 | | 全種目 | | 全種目 | |

「体幹」と「肩甲骨&肩」に分割（例）

| 日 | 月 | 火 | 水 | 木 | 金 | 土 |
|---|---|---|---|---|---|---|
| | 体幹種目 | 肩甲骨&肩種目 | 体幹種目 | 肩甲骨&肩種目 | 体幹種目 | 肩甲骨&肩種目 |

# 下半身プログラム

運動不足で硬くなる下半身の可動域を広げるプログラム。
お尻系種目(お尻種目&お尻側部種目&太もも外側種目)と
脚系種目(内もも種目&太もも種目&ふくらはぎ種目)に分割して行なっても良い。

**股関節**

- 太ももの付け根を伸ばす自重ストレッチ(➡P.68 or 70)
- お尻を伸ばす自重ストレッチ(➡P.72 or 74)
- お尻の下部を伸ばす自重ストレッチ(➡P.76)
- 内ももを伸ばす自重ストレッチ(➡P.78 or 80)
- 内もも(股関節寄り)の自重ストレッチ(➡P.82)
- 太ももの外側を伸ばす自重ストレッチ(➡P.86)
- お尻の側部を伸ばす自重ストレッチ(➡P.88)

**脚**

- 太もも前面を伸ばす自重ストレッチ(➡P.94 or 96)
- 太もも裏を伸ばす自重ストレッチ(➡P.98 or 100)
- ふくらはぎの自重ストレッチ(➡P.102 or 104)
- ふくらはぎ下部の自重ストレッチ(➡P.106)

「股関節」と「脚」に分割(例)

| 日 | 月 | 火 | 水 | 木 | 金 | 土 |
| --- | --- | --- | --- | --- | --- | --- |
| 股関節種目 | 股関節種目 | 脚種目 | 股関節種目 | 脚種目 | 股関節種目 | 脚種目 |

「お尻系」と「脚系」に分割(例)

| 日 | 月 | 火 | 水 | 木 | 金 | 土 |
| --- | --- | --- | --- | --- | --- | --- |
| | お尻系種目 | 脚系種目 | お尻系種目 | 脚系種目 | お尻系種目 | 脚系種目 |

# 腰痛予防プログラム

腰痛の多くは、体幹や股関節の柔軟性低下が関わっています。
骨盤ドリルと体幹＆股関節のストレッチを行なうことによって、
脊柱（背骨）や骨盤の可動性を高め、腰部に過度な負荷を掛けない体を作ります。

| | |
|---|---|
| 骨盤ドリル | 骨盤の前傾・後傾（➡P.138）<br>骨盤の左傾・右傾（➡P.140） |
| 体幹 | 胸郭を広げる自重ストレッチ（➡P.40or42）<br>脊柱を丸める自重ストレッチ（➡P.44 or 46）<br>脇腹を伸ばす自重ストレッチ2（➡P.54）<br>脇腹をひねる自重ストレッチ（➡P.56 or 58） |
| 股関節 | 太ももの付け根を伸ばす自重ストレッチ（➡P.68 or 70）<br>お尻を伸ばす自重ストレッチ（➡P.72 or 74） |
| 脚 | 太もも前面を伸ばす自重ストレッチ（➡P.94 or 96）<br>太もも裏を伸ばす自重ストレッチ（➡P.98 or 100） |

「骨盤ドリル＆体幹」と「股関節＆脚」に分割（例）

| 日 | 月 | 火 | 水 | 木 | 金 | 土 |
|---|---|---|---|---|---|---|
| | 骨盤ドリル＆体幹 | 股関節＆脚 | 骨盤ドリル＆体幹 | 股関節＆脚 | 骨盤ドリル＆体幹 | 股関節＆脚 |

「体幹」と「その他」に分割（例）

| 日 | 月 | 火 | 水 | 木 | 金 | 土 |
|---|---|---|---|---|---|---|
| 体幹 | 体幹 | その他 | 体幹 | その他 | 体幹 | 全種目 |

# 肩コリ予防プログラム

肩コリの発症には人によってさまざまな原因がありますが、
肩まわりや肩甲骨まわりを日頃からほぐすことである程度予防できます。
肩甲骨ドリルと肩まわりのストレッチで肩の緊張をしっかり解きましょう。

**肩甲骨ドリル**

- 肩甲骨の開閉(➡P.144)
- 肩甲骨の前傾・後傾(➡P.146)
- 肩&肩甲骨まわし(➡P.148)
- 肩甲骨の上方回旋・下方回旋(➡P.150)

**肩甲骨**

- 背中を伸ばす自重ストレッチ(➡P.114)
- 首の付け根を伸ばす自重ストレッチ(➡P.116)

**肩**

- 肩の前部を伸ばす自重ストレッチ(➡P.120)
- 肩の中・後部を伸ばす自重ストレッチ(➡P.122)

全種目を週3日(例)

| 日 | 月 | 火 | 水 | 木 | 金 | 土 |
|---|---|---|---|---|---|---|
| | 全種目 | | 全種目 | | 全種目 | |

「肩甲骨ドリル」と「肩甲骨&肩」に分割(例)

| 日 | 月 | 火 | 水 | 木 | 金 | 土 |
|---|---|---|---|---|---|---|
| | 肩甲骨ドリル | 肩甲骨&肩 | 肩甲骨ドリル | 肩甲骨&肩 | 肩甲骨ドリル | 肩甲骨&肩 |

**【著者略歴】**

## 比嘉 一雄(ひが・かずお)

1983年、福岡県生まれ。パーソナルトレーナー。CALADA LAB.代表。早稲田大学スポーツ科学部卒業後、東京大学大学院に進学。研究を通して検証した科学的エビデンスに基づき、一般クライアントのダイエットサポートからアスリートのトレーニング指導まで幅広い指導実績を残している。主な著書に、『自重筋トレ100の基本』(監修、枻出版)、『DVD付き比嘉式自重筋トレダイエット』(扶桑社)、『速トレ「速い筋トレ」なら最速でやせる!』、『驚くほど伸びる 動的ストレッチ』(池田書店)など。

**STAFF**

編集制作:谷口洋一(株式会社アーク・コミュニケーションズ)
デザイン:小林幸恵(有限会社エルグ)
撮　　影:清水亮一(アーク・フォトワークス)
モ デ ル:大谷知加(フィットネスインストラクター)
写真協力:シャッターストック
イラスト:庄司猛
衣装協力:ナイキ ジャパン

**硬い体が驚くほど気持ち良く伸びる**

# 自重ストレッチ

2017年4月15日　第1刷発行

著　者　比嘉一雄
発行者　中村 誠
印刷所　図書印刷株式会社
製本所　図書印刷株式会社
発行所　株式会社 日本文芸社
〒101-8407　東京都千代田区神田神保町1-7
TEL.03-3294-8931[営業]、03-3294-8920[編集]
URL http://www.nihonbungeisha.co.jp


Printed in Japan 112170403-112170403 Ⓝ01
ISBN978-4-537-21460-4
(編集担当:坂)